漫游科普第一书

漫游

军 事 科 学

纸上魔方 编绘

新疆人民出版总社
新疆科学技术出版社

图书在版编目（CIP）数据

漫游军事科学 ／ 纸上魔方编绘．－－ 乌鲁木齐：新
疆科学技术出版社，2013.10

（漫游科普第一书）

ISBN 978－7－5466－2172－2

Ⅰ．①漫… Ⅱ．①纸… Ⅲ．①军事科学－普及读物
Ⅳ．① E－49

中国版本图书馆 CIP 数据核字 (2013) 第 243187 号

出 版 人	唐　辉　阿迪力·穆罕默德
策　　划	唐　辉
责任编辑	泽登钢
技术编辑	王　玺
封面设计	纸上魔方

出版发行	新疆人民出版总社 新疆科学技术出版社
地　　址	乌鲁木齐市延安路 255 号
邮政编码	830049
电　　话	（0991）2888243　（Fax）2870049
E－mail	xjkjcbhbs@sina.com
经　　销	新华书店
印　　刷	北京彩晖彩色印刷有限公司
版　　次	2017 年 5 月第 1 版第 3 次印刷
开　　本	787mm×1 092mm　　1/16
印　　张	11
字　　数	60 千字
定　　价	29.80元

写在前面

为什么收音机会发出声音？为什么飞机能在天上飞？为什么火车要在铁轨上前行？为什么照相机能拍照？最酷的科技武器有哪些吗？最先进的治疗仪器有哪些？航天飞机是怎么到达太空中的？机器人是怎么行动的？生活中有太多孩子们解释不了的为什么，我们的生活被高科技环绕着，高科技渗透到生活的方方面面。本书致力于增强孩子们科技知识、提高学习科学技术的浓厚兴趣，用最浅显通俗的语言、最幽默风趣的插图，让小朋友们在哈哈一乐中轻松获得知识，真正理解高科技。全套图书内容丰富，涵盖面广，涉及航天、电子、军事、天文、医疗、生物等多个知识领域。全书以独特的视角，为孩子营造了一个超级广阔的科技阅读空间。

让我们现在就出发，一起到科技的王国探秘吧！

目录

说一说什么是军事科技

我们在日常生活中经常听到"军事"这两个字，那么，"军事"是指什么呢？"军事科技"又是怎么一回事儿呢？别着急，现在我们就一同去了解下军事知识。

"军事"这个词看起来很难理解，其实它同我们的生活关系密切。国家需要军事，军队是保障国家安全的队伍，我们的衣、食、住、行之所以能够正常进行，就是因为军事给了我们无形的保护。军

队一般包括海军、陆军、空军三种，国家给军人们配备武器，组织军人进行训练，以此来保护国家、人民的安全。

军事科技就是指用于军事领域的科学技术，它包括制作武器时需要的技术、军事工程技术、实际战争中所需要的技术等等，总之，一切跟军事有关的科学技术都叫做军事科技。

古时候，并没有军事和军事科技的概念，那个时候的军队事务叫做军务，一个国家练兵打仗也比较原始，士兵听从将军的作战指挥，他们用刀、矛等武器作战。现代的军事已经有了很大的进步，军事科技在战争中的应用也越来越广泛，下面我们就来一一介绍一下现代军事科技的几个组成部分吧。

我们都知道，无论是什么时代，战争都需要武器，我们可以从武器装备的分类来划分军事科技的种类。武器中有手枪、步枪等轻型武器，还有坦克、导弹、舰艇、核武器等多种多样的武器装备，那么，军事科技也相应地可以分为轻武器技术、军用电子信息技术、核生化武器技术等等。

小朋友们想不想知道什么是火炮技术呢？那我们现在就来介绍一下军事科技中的火炮技术吧。

火炮就是点燃炸药产生很强的推力，将炮管里的炮弹弹射出去的武器。说起来简单，然而火炮的发明可是历经了很多波折，早在19世纪前期，人们就已经开始使用火炮了，不过那个时

候火炮使用技术比较落后，填装火炮炮管里的火药要很长时间，火炮的射击范围也很小，不能射击比较远的目标，而且，火炮的准头也很差，常常射不中目标。1846年，意大利少校改进了火炮技术，提升了火炮的性能。到了19世纪70年代，许多国家的工业技术取得了进步，火炮炮管的口径加大了，火炮的射击速度也变快了很多。1897年法国人又改进了火炮的制作工艺，减轻了火炮的重量。20世纪以来，采用了瞄准镜等其他装置的火炮，威力更大了，它也成为战场上打击敌人的有力武器。

军用电子信息技术则是电子信息技术中的一个方面，电子信息技术包括了日常家用电器技术、计算机网络技术、通信技术等方面。军事电子信息技术是军事技术的重要组成部分，它包括传感技术、光电子技术等等。军事电子信息技术对未来战争有很大的影响，随着世界经济的发展，我们正迈入信息时代，战争也必然向信息战争演变。

导弹与航天运载技术包括的内容就更多了，例如导弹的制作、发射，航天飞船动力系统，宇宙航天飞船的对接、在太空中的运作，遥测技术等等。

在上面的内容里，我们粗略地说了说军事科技包括哪几个方面，现在小朋友们是不是想进一步了解军事科技呢？

什么是数字化部队？

学过数学的小朋友都知道，"1"、"2"、"3"都是数字，部队跟数字有什么关系呢？难道部队里的战士也要学数学，做算术吗？当然不是这样。数字化是一种现象，电脑技术出现以后，电子通信技术也有了很大的发展，深入到了社会中的各个领域，军事领域当然也是其中之一啦。数字化部队就是军队配备了数字化设备，管理部队的方式更加先进的新型部队。

古代通信技术很落后，战争中的通信都是士兵骑马完成的，就像我们在电视中看到的"八百里加急"信件。到近现代，比如中国抗日战争时期，部队就用发电报、打电话的方式传递信息，还有我们所熟知的"鸡毛信"。如今，通信技术进步了，军队已经可以用电脑来直接控制武器和传递信息。

那么，一个士兵经过数字化的武装后，他会变成什么样子呢？

他的头盔已经不仅仅是保护脑袋的头盔啦，这种头盔上有平板显示器、夜视系统和电子信息系统。戴卜头盔，士兵就能跟同伴保持联系，上级命令也可以直接传达到每个士兵那里，这样一来，作战不是更有效率了吗？夜视系统帮助士兵们在夜间活动，有了这个装置，对士兵们来说，夜晚就像白天那么明亮了，作战完全没有问题，看东西自然也不在话下。

士兵们的武器上还装有先进的瞄准系统——红外探测器和瞄准工具，这些武器能够帮助士兵们更加清楚地观察敌情，进行精准的瞄准、射击，大大提高了作战的效率。

　　高科技带给士兵们的好处不仅如此，未来士兵还装备了防护系统和微气候冷却系统。防护系统就是增加防护甲和制服的科技含量，保护士兵的身体安全；微气候冷却系统是一种非常神奇的系统，它能够调节士兵周围的空气温度，如果在沙漠中执行任务，这种系统就帮了士兵的大忙了，因为微气候制冷系统会放出冷气，即便是在炎热的沙漠里，士兵们也不会觉得很热啦。

　　数字化的部队指挥起来非常灵活，因为大家用通信系统彼此联系，你那里遇到了敌人，只要一个信号，立马会有大批的队友去援助你，所以说，数字化部队的作战不是分块的，而是所有的士兵都是一个整体，哪里有敌人哪里就有队友。

数字化部队打起仗来很有效率，他们的探测技术能够很快发现目标，他们的瞄准技术可以锁定目标，他们使用的新型武器的杀伤力很大。

　　美国就很注重军队的数字化，仅1993年一年里，美国陆军就进行了四次数字化演习，可见美国陆军是铁了心要建设一支数字化的军队呀！他们的数字化陆军部队装备了坦克、战斗机、火炮、直升机等等，这支强大的队伍进行过数字化联网演习。

　　不过，部队的数字化进程仍没有结束，就像生物的进化一样，是永远没有止境的。对先进的军事科技了解的越多，我们就能够清晰地认识到世界军事发展的方向。怎么样，军事知识是不是很有趣呢？

数字化部队的"三种武器"

数字化部队有三种非常有力的武器：第一种是智能化的指挥系统，它是指数字化部队运用网络技术，在很短的时间内做出反应；第二种是模块化的力量编组，它是指数字化部队的内部联系更加密切，分工也更加有效，这种分组方式使得总体的战斗力大大增强；第三种是综合化的作战能力，是指数字化部队的机动性强，能够集中火力对付敌人。

美国数字化部队的致命缺陷

数字化部队也是有弱点的，美国作为世界上第一个建立了数字化部队的国家，它的数字化部队也有着种种致命弱点呢！具体有哪些呢？其一是通信网络容易遭到破坏，一旦数字网络被破坏了，整个军事作战就可能陷入瘫痪；其二是有时信息太多，会导致指挥者无从下手，让他们很容易迷失在信息里，无法分辨哪些信息是重要的，哪些是次要的。

什么是精确制导武器？

古有百发百中的神箭手，今有精确制导武器。没错，精确制导武器的最大特点就是：瞄得极其准确，它们就像是有眼睛的炮弹一样，想打中哪里就打中哪里。导弹、制导炮弹的命中率都很高，它们都可以被称作精确制导武器。精确制导武器专门打击坦克、装甲车这样

"坚固"的装备，它们还可以用来轰炸桥梁、武器库等地方，它们瞄得准，炮火又有力，可谓是军事科技中的先进武器装备呀！

精确制导武器最开始出现的时候，个头很大，使用起来也很不方便，但是它们大的惊人的威力还是引起了很多国家的关注，各国部队都陆续引用了这种命中率超过50％的武器。之后，精确制导武器越做越小，甚至小到可以直接安装在炮弹上。

一般炮弹上会装备两种制导系统：一种是低精确度的制导系统，它的作用是让炮弹朝着目标发射出来，不断靠近目标；另一种就是精确的制导系统，它可以让炮弹精确地查找到目标的位置，两个系统配合就使得炮弹的命中率大大提高啦。

而且，小朋友你们知道吗？装有精确制导系统的导弹不仅命中率

高，还有射程远的特点，像巡航导弹的攻击距离就有几千千米呢！另外，发射地点也不受限制，无论是地面、空中，还是海面，我们想让它从哪里发射就可以从哪里发射。

上面我们说了很多有关精确制导武器的优点，那么，它是全能的吗？它有没有缺点呢？答案当然是有，所有人和事物都是有缺点的，超级厉害的精确制导武器也不例外。前面我们说了，精确制导武器可以"指哪打哪"，但是要知道，要"打"就要先"指"清楚，也就是先找准目标的精确位置。这本身就是对侦察系统要求很高的一项任务。

此外，由于精确制导武器是电子系统，所以它很容易受到电子信号的干扰，一旦它受到了干扰，就不能正常发射炮弹了，也就不可能命中目标。

精确制导武器的核心是信息技术，它几乎融合了当前最先进的军

事技术。如今它越来越智能化，其中的红外线探测技术可以将目标看得更清楚，根据不同的目标采用不同的探测软件；而数字化的信号处理系统又让它变得更加实用和先进。

未来的精确制导武器还会有什么样的变化呢？它会变得更加"隐形"，雷达都无法发现它们，当它击中目标后，敌人才能反应过来：啊，我们被击中啦。其使用范围也会更加广泛，因为随着科技的发展，它的制作费用会大大降低，我们就可以把它用在海陆空各个兵种里面啦，当然，这需要一个融合的过程，我们不能生搬硬套，一定要根据每个兵种的作战方式，灵活地应用这些精确制导武器。

为什么军事仿真技术如此神奇？

　　所有的进步都是建立在练习的基础上的，比如做数学题，除了要记得公式，还需要一遍又一遍的演算，只有算得多了，才能够熟练掌握，下次遇到类似的题目就能做的得心应手。军事训练也一样，需要不停地训练才能够熟练掌握枪支的使用方法、各种武器设备的运用，但是，如果每次训练都是真枪实弹的话，那就太浪费了。有没有既节约又有效的军事训练方法呢？这里就不得不提到军事仿真技术啦。

古代打仗的时候，将军们会围在地图、沙盘上考虑作战方法，这就是比较原始的军事仿真技术。沙盘上高低起伏的地方代表了实际的山脉，将领们看着沙盘想象实际的地形应该是怎样的，然后设定与之配套的战术。

美国在上个世纪80年代就开始使用军事仿真技术了，但由于当时的仿真技术还不够完善，而且用仿真器材训练的费用甚至还高于野外训练的费用。后来，美国军队将各地的计算机连接起来，这样就大大削减了仿真模拟的费用，同时，他们做到了视觉、听觉、触觉的高度仿真，继而在军事训练中运用军事仿真技术达到了很好的效果。

仿真的意思就是模仿真实的情况，我们可以通过计算机建立模型，把实战中可能出现的场景、战略、战术模拟出来，然后，我们就可以在这个仿真场景中进行训练啦，以此来检验我们的战术是不是正确，验证我们的战略是否有失误。这种军事仿真技术减少了军事训练经费，是我们利用军事科技的表现之一。

　　军事仿真技术不仅可以用在建立仿真场景的操作中，还能够用在制造武器技术仿真、武器系统仿真等方面。

　　在实际的军事仿真技术应用中，我们用数学模型来模拟实际作战环境，从而提高每一个士兵的作战技能，特别是对一些比较危险的武器而言，使用它们是非常危险的，一旦军人操作不当就可能出现致命危害，军事仿真技术能够为这类武器的使用者提供一个

超级逼真的环境，使用者们在这个仿真环境里练习危险武器的操作，等到他们熟练以后，再进行实际操作，这样就大大降低了危险性，保障了使用者的安全。

军事仿真技术还被应用在高新技术武器的开发中，用仿真程序模拟武器的性能、威力，这样就能够帮助设计者更深刻地感受武器，及早发现武器中的不足，尽快改进设计，缩短武器的研发时间。比如设计波音777飞机的时候，就运用了军事仿真技术。现在小朋友们知道军事仿真技术的好处了吧，以前军事仿真技术不够发达的时候，设计师们只能在武器设计出来之后才知道自己设计的武器到底是什么样的，有了这种军事仿真技术，武器的设计也变的便利多了。

仿真技术是一种新科技，它的神奇之处我们可要细细体会呀。

你知道以大海为家的海上舰队吗?

　　海军是基本的兵种，他们在大海上航行，驾驶着船只、舰队执行任务，在海上训练，也在海上进行战斗，他们穿着白色的军装，手拿武器保卫着祖国。

　　海军的历史很悠久，史书记载，古时候的海军乘着木船作战；18世纪蒸汽机发明后，他们驾驶着依靠蒸汽推动的铁皮船作战；现在，他们驾驶着先进的舰艇作战。现代海军装备先进，他们配备了海军陆战队、作战舰艇、战略

导弹、水中武器等设备，对于军事科技的应用也一点儿都不陌生，军事科技的发展已经把海军变成了高技术含量的战争部队啦。

海军作战应用了很多先进的军事科技技术，现在，我们就介绍一下海军使用的现代装备及对军事科技的应用吧。木匠干活需要斧子，渔夫钓鱼需要鱼竿，海军执行任务需要用船呀，不过海军船的科技含量可是很高的， 它有一个专有名词叫做海军舰艇。按照直接参加战斗与否，海军舰艇分为战斗舰艇和辅助战斗舰艇。按照功能分，海军舰艇又可以分为巡洋舰、驱逐舰、航空母舰、猎潜艇等等。

驱逐舰的用处很广泛，它可以为其他执行任务的军舰保驾护航、担任巡逻任务，也能够自己发动攻击，驱逐舰上装备了导弹、鱼雷等武器，还有防空、反潜等装

备。总之，驱逐舰是海军家族中的多面手，从19世纪末出现以来，就是海军军舰中的主力。法国和意大利共同研制的"地平线"级驱逐舰装备了防空导弹系统，这个系统是世界顶尖军事科技的浓缩，"地平线"级驱逐舰也因此成为一艘威力无比的防空舰。

　　说到海军，我们不得不提到大型战斗舰艇——战列舰啦。战列舰是武器史上最庞大、最复杂的武器之一。它身上的装甲很厚，可以防护敌人的攻击，它的炮管口径很大，发射出来的炮弹威力无穷。战列舰能够远程攻击目标，打击范围很广，在第二次世界大战的时候，战列舰得到了重用。到了后来，航空母舰等舰艇的发展势头超过了战列舰，它就渐渐退出了战争舞台。

　　现代战争，海军、陆军、空军是相互配合的，飞机携带的燃料有限，那么在海域上进行空战的时候，如何节省飞机的燃料呢？这时，我们就需要海上的大块头——航空母舰了，航空母舰的甲板很大，可以容纳很多飞机停在上面，战斗一开始，原本安安静静停在航空母舰上的歼击机、轰炸机就都行动了起来，还没等敌人靠近航空母舰就已经把它们消灭了。航空母舰的造价非常昂贵，目前，世界上只有22艘航空母舰，只美国一个国家就拥有12艘，英国也拥有3艘，另外七个国家各一艘，可想而知航空母舰的制作技术有多么困难，生产价格有多么昂贵了吧？

西班牙海军拥有一艘航空母舰，名字叫做"阿斯图里亚斯亲王号"，虽然它是一艘轻型航母，但是我们可不能小看它呀，它装备了近距离攻击武器、数字控制与指挥系统，还有搜索雷达、炮瞄雷达、飞机导航雷达等高科技装备。海军舰艇上装备的先进武器都得益于军事科技的发展，海军这个以大海为家的兵种大量运用了现代军事科技来武装自身，高科技雷达的使用，可以让他们看得更远、瞄得更准。

为什么说驱逐舰是海战中的"多面手"?

各位小朋友，我们这章介绍的是海战中的"多面手"——驱逐舰，话说这个驱逐舰啊，个头不大，速度也不是很快，长得也不威武，但是海战中没有它，还真是不行。下面我就来说说这个驱逐舰。

19世纪后半叶，欧洲一些国家研制出了一种体型小、速度快、火

力强、专门对付老式战列舰的小型水面舰艇——鱼雷艇。英国为了捕捉这些鱼雷艇，于1893年建造了"哈沃克号"，它的航速是26节，还装有1座76毫米火炮和3座47毫米火炮，能在海上毫无困难地捕捉敌方鱼雷艇，此外，它还携带一座三联装450毫米鱼雷发射管，用于攻击敌方大舰。具有攻击小型舰艇和大型舰艇的功能，这就是驱逐舰的前身。

随着科技的发展，驱逐舰也在不断进行改进，人们在驱逐舰上开始安装更大口径的火炮和更大口径的鱼雷发射管，还用燃油锅炉代替蒸汽机，使它的动力更大，速度更快。现在的驱逐舰不仅要肩负着打

击敌人鱼雷舰艇的任务，同时还要负责在主力舰决战前对敌舰队实施鱼水雷攻击，削弱敌方兵力的任务。可以说驱逐舰在海战中扮演的角色越来越重要。

第一次世界大战期间，驱逐舰携带鱼雷和水雷，频繁进行舰队警戒与护航、布雷以及保护补给线的行动，一部分驱逐舰还装备扫雷工具作为扫雷舰艇使用，甚至被直接用来支援两栖登陆作战。由于它的功能强大，驱逐舰也慢慢成为了海战中的多面手。

到了第二次世界大战，驱逐舰完全确立了自己在海战中的多面手地位。在战争期间，驱逐舰执行了大量的护航、反潜、防空、救捞、雷击与炮击任务，此外还装备了大量小口径高炮担当舰队防空警戒和雷达哨舰的任务，加强防空火力的驱逐舰出现，驱逐舰的功能进一步增加。

在第二次世界大战中，驱逐舰除了增加了防空功能外，它还增加了对水下潜艇的打击能力，二战中由于德国的潜艇不时的骚扰盟军的海上运输和补给航线，作为护航舰艇的驱逐舰不得不投入到猎潜工作中，成为潜为主要任务的护航驱逐舰，这类驱逐舰后来发展成了当代护卫舰。

伴随着第三次科技革命的开始，驱逐舰也开始更新换代，负责打击鱼雷艇的老式驱逐舰已被防空、反潜、反舰为主要任务的现代驱逐舰所取代。由于电子科技和燃气轮机的发明与发展，各类舰对舰导弹、舰对空导弹也被广泛应用到现代驱逐舰上，燃气机的使用令驱逐舰的马力和排水量不断增大，最大的驱逐舰排水量已达到6000吨。

世界上最著名的五大驱逐舰

世界上最著名的五大驱逐舰分别是美国的伯克级驱逐舰、日本的金刚级驱逐舰、法国的地平线级驱逐舰、英国的果敢级驱逐舰和中国的052C级驱逐舰。伯克级驱逐舰是90年代的时候美国制造的，它是美国航母的贴身护卫。中国052C级驱逐舰被称为"中华神盾"。

中国第一艘驱逐舰

中国自行研制的第一艘驱逐舰名叫"济南号"，它于1971年12月12日开始使用，这艘驱逐舰装备有导弹系统、火炮系统、雷达系统等，它制造出来之后，成为我国最大吨位的战斗驱逐舰，并成为我国水上的主要战斗力。

为什么航空母舰不易被击沉？

在小朋友们的印象中，航空母舰应该是超大型的轮船，一般不会轻易沉到海底吧？那么大家知道航空母舰为什么不易被击沉吗？下面，就让我来告诉你们吧！

航空母舰，是一种大型水面舰艇，巨大的甲板上安装有舰载机，主要用来对敌作战。航母是航空母舰战斗群的核心，主要提供空中掩护和海上远程追击，而舰队中的其它船只负责在旁边保护。航空母舰已是现代海军不可缺少的武器。

航空母舰的主要武器装备有：各种舰载机，如歼击机、轰炸机、预警机、固定翼反潜机、电子战机、救援直升机，还有火炮、导弹等等。整个航空母舰战斗群可以在航母的整体控制指挥下，对数百千米外的敌对目标实施搜索、追踪、锁定、攻击。

航空母舰不易被打沉的原因有：

第一，航空母舰的防御性特别高。航母都是编队作战，不会单枪匹马出去，且周围有巡洋舰、驱护舰、驱逐舰等的综合保障舰艇，可以说具有好几层反潜能力或者反舰能力、防舰能力或者防空能力，要想攻击它可谓难上加难。人们常用八个字"舰机合一、攻防兼备"来形容这个超强的海上作战平台，可想而知，它的防御性有多么强。

第二，航空母舰的隐蔽性非常好。当航母战斗群进入战斗时，

所有的通讯设备都处于屏蔽状态，以此来很好地隐蔽自己，即使被对方发现也不会被确定具体位置。因此在茫茫大海上搜索和定位一个航母战斗群非常困难。也许有人会说，卫星不是能确定航母位置吗？可世界上具备"雷达卫星即时信息传输"的国家有几个呢？俄罗斯到目前为止都不具备这一能力呀！也有人说空中侦察也可以找到航母，但是在全面战争的前提下，侦察飞机在航母舰载机搜索范围内的存活率是多少呢？几乎为零。击沉航母的前提是找到航母，可是绝大多数人都没有意识到这一点。只是想着自己手里有多少武器，用几枚先进鱼雷、几枚巡航导弹就能报销一艘航母，其实是很可笑的。

所以，想要击沉航空母舰是没有那么简单的。到目前为止，应该说还是不可能的。

中国的航母梦

能够制造出航空母舰是大国实力的象征，建造航空母舰也是几代中国人的梦想。早在20世纪30年代的时候，政府就提出要建造航空母舰的计划了，可是因为战争和我国当时经济发展的状况，这个计划不得不一再推迟。

世界上最大的航母

世界上最大的航空母舰是美国的"尼米兹"级航空母舰"里根号"，这艘航空母舰的甲板上最多可以停放85架战斗机，航空母舰上的燃料能够使它在海上航行20年，它可以同时供6000名船员在上面生活3个月，这艘航空母舰真是大的像小岛一样呢。

为什么潜艇里的人在水下不会被"憋死"？

人类想像小鸟一样在天空中飞来飞去，于是发明了飞机；想知道月亮长什么样子，于是发明了宇宙飞船，让我们可以站在月亮上；想像小鱼儿一样在水里游来游去，于是发明了潜艇，它可以带我们去探索蓝色的大海。小朋友们，现在让我带你们一起去探索潜艇的秘密吧。

古时候住在海边的人们在海边抓鱼来吃，看着无边无际的大海，

他们就想：如果能够去大海的中间看一看，该有多好呀！于是他们用巨大的树干做成了小木舟，乘着小木舟就可以在海面上划来划去了。那么，要像小鱼一样潜到水底，该怎么办呢？最早提出要去海底航行的人是伟大的画家达芬奇，他说应该发明一种"可以在水下航行的船"，后来，聪明的科学家们就发明了潜艇。

为什么潜艇能够潜到水底呢？因为潜艇里面有好几个大房间，潜艇想沉入水底的时候，就在那些大房间里装满水，潜艇就变得很重，于是就沉入水里面啦；如果想浮出水面，就把大房间里的水排出来，潜艇的重量变轻了，也就浮出水面啦，这就是潜艇可以到达海底的秘密。小朋友们想去海底探险吗？想知道如何在潜艇里呼吸吗？

无论是在哪里，人呼吸都是需要氧气的，同样的，只要我们在潜艇里制造出氧气就不会被"憋死"哦。为了制造氧气科学家们想了很多的办法，第一种办法是转化法，小朋友们，我们吸气的时候吸入了氧气，我们吐气的时候呼出的是二氧化碳，而科学家们正是把我们呼出的二氧化碳转化成了氧气，这样我们就能够在潜艇中生活下去了，普通的潜艇可以一直在水底待6个多星期呢！第二种办法是提取法，小朋友们，你们知道吗？海水里也是有氧气的，不过没有空气中的多，将海水里的氧气提取出来给我们呼吸，人类在潜艇里就不会被"憋死"了。还有一种方法就是在潜艇里直接放些氧气瓶，在我们上潜艇之前，可以用大瓶子装一些氧气，当潜艇里的

O_2

空气转换机

CO_2

氧气不够的时候，呼吸大瓶子里的氧气就行了。

　　了解了潜艇的秘密，小朋友们是不是很想坐着潜艇去海里看一看，像小鱼一样在海底游来游去呢？早在1954年6月，中国海军就有了第一支潜艇队，虽然那时的潜艇威力不大，不能跟发达国家相比，但是我们国家的科学家经过努力改进并创新了很多潜艇。

　　这些潜艇不仅能够悄悄在海底观察敌人，它上面还能带一种叫鱼雷的武器呢，这种武器长得很像鱼，发射速度也很快，威力也非常大哟。几十年过去了，潜艇已大大提高了海军的战斗力呢。小朋友们可以去军事科技博物馆看到真正的潜艇，别忘了摸一摸这个可以在海底潜行的铁皮家伙，进去看一看它装水用的大房间，还有那个盛着氧气的大瓶子哦！

为什么弹头有"肥"有"瘦"？

弹头里填充着火药，所以从手枪里打出来的小小子弹可是威力无穷呢！不过，不同武器打出的子弹大小、威力却各有不同，比如坦克火炮打出的子弹弹头、轰炸机丢出的炮弹弹头、核弹头等弹头不仅有大有小、还有"肥"有"瘦"呢？

弹头由弹尖、圆柱体、锥尾这三部分组成。弹尖决定着子弹的形

状和产生空气阻力的程度，弹头的规格确定后，弹尖的长度就基本固定不变啦。弹壳里的圆柱体和锥尾则有很大的可变性。

原来，弹头的肥瘦跟其产生的空气阻力大小密切相关，肥而短的弹头产生的空气阻力要大一些，瘦而长的弹头产生的空气阻力相对就小一些，根据射杀不同目标的需要，军事武器科学家们设计了应用于不同场合的武器，这也就催生了与之匹配的形状各异的弹头。例如手枪的弹头是圆头流线型的，机枪的弹头却是尖尖的。

不仅不同种类的武器弹头大小不一，很多武器从发明到现在，其自身设计也在不断改进，它们的弹头大小更是发生了很大的变化。早期步枪的口径达13.7毫米，机枪笨重、弹头也很大，后来在实战中发现，步枪的射程在400米左右就足够了，减小步枪的口径反而可以提升杀伤力，于是步枪的口径就减小了，它使用的子弹也变的更小、更轻了。

有的弹头很大，直径达到2米，有的弹头很小，小到只有几毫米，这些大小胖瘦各异的弹头为不同情况的战斗准备着。战争结束后，如果发现了没有爆炸的弹头一定要及时报警，请防爆专家来处理，因为这种弹头还是很危险的。

小朋友们，现在知道弹头为什么有"肥"有"瘦"了吗？让我们再来总结一下。手枪弹头和机关枪的弹头"肥瘦"不同，手枪弹头的弹尖是圆形的，机关枪的弹尖是尖尖的。手枪一般用于近距离射击，所以它采用圆头的弹头，可以给敌人致命一击。机关枪需要更远距离的射击，所以它的弹头是尖尖的，降低了空气中的阻力，就能够射得更远啦。这就是弹头有"肥"有"瘦"的原因了，小朋友们知道了吗？

你知道枪械家族
有哪些成员吗？

小朋友们知道除了手枪外，枪械家族中还有哪些成员吗？让我们好好想一想，对了！还有步枪、机关枪呢！现在，让我们一起去枪械家族拜访一下吧。

通常枪械可以分为手枪、冲锋枪、机枪等等，如果按照枪械是自动化还是半自动化来划分，枪械可以分为全自动的、半自动的和非自动的。所谓全自动就是说，枪械可以自动

填装火药并连续发射；半自动枪械就是说火药填装可以自动进行，但是不能连续发射；而非自动枪械的火药填装要由人工进行，每次也只能发一颗子弹。目前，国际上普遍用的枪械是自动和半自动的，非自动的枪械差不多已经被历史淘汰啦。

现在我们就来说一说刚才提到的几种枪械吧，首先，从我们最熟悉的手枪开始吧。手枪比较小，可以拿在手里。它也有很多种类，比如用手指转动弹药舱的左轮手枪，左轮手枪是美国人19世纪早期发明的，这种手枪弹舱里可以放5到6颗子弹，它的射程虽然只有50米，但是射的比较准，能够进行自我保护。除了左轮手枪以外，还有单发手枪、手动手枪、半自动手枪、全自动手枪等等。

步枪是枪械家族中的一个小分支，它又包括突击步枪、轻机枪、狙击枪、反坦克步枪等种类。我们来说一下狙击枪吧，小朋友们知道"狙击"这两个字是什么意思吗？狙击就是埋伏起来袭击敌人，也叫做偷袭。狙击手为了保护自身的安全不被发现，必须离目标很远，所以狙击枪的射程是非常远的，狙击枪上还有类似望远镜的镜头，透过这个镜头狙击手就能清楚看见远在几千米外的目标啦。

说完步枪，我们再来简单讲解一下几种机枪。机枪中比较突出的两种是重机枪、加特林机枪。加特林机枪的样子很特别，它有十几个枪管，用这种机枪的时候要用一只手转动着枪管。

枪械的家族实在是太庞大啦，除了上面说到的手枪、步枪外，还有卡宾枪、散弹枪、榴弹发射器等等。我们不能一一介绍，如果小朋友们感兴趣的话可以查阅书籍，多多了解这方面的知识哟。

不具有杀伤力的枪械

虽然大多数枪械是具有杀伤力的，但是也有少数几种枪械没有杀伤力，它们分别是信号枪、空气枪、起步枪和钉枪。信号枪的枪口口径特别大，是用来发射信号弹的，如果你在森林、海上、雪地里迷了路，就可以通过这种枪发射信号弹让救援人员找到你；空气枪主要用于体育射击比赛项目；钉枪是把钢钉射进石块时所用的工具。

稳定耐用的AK47自动步枪

既然说到了枪械家族就不能不提及自动步枪AK-47，这款步枪以其稳定耐用的特性而著称于世，它是苏联著名枪械师的得意之作，它为什么叫这个名字呢？A是自动步枪苏联名中的第一个字母，K来自于设计师的名字，47是它生产的年份。这款步枪超级耐用，很少出现问题，哪怕是在风沙、泥水里都能够正常使用哦。

为什么无声手枪
是无声的？

小朋友们都玩过手枪，有五颜六色子弹的塑料枪，还有夏天游泳时玩的水枪等等，那么小朋友们知道真正的手枪吗？真正的手枪威力特别大，是非常危险的，其实塑料子弹的手枪也可能对小伙伴造成伤

害哦，小朋友们在玩耍的时候千万不要对着伙伴开枪！

　　手枪的历史可是非常悠久的，最早的手枪出现于600多年前的中国和德国，那时候的手枪命中率不高，种类也很少，更不要说无声手枪了。前苏联（也就是现在的俄罗斯）在四五十年前发明了无声手枪。一般的手枪射击时声音非常大，很容易引起别人的注意，无声手枪的发明就解决了这个难题，使得射击的时候声音非常小，距离比较远的话是很难察觉到的。

　　不过我们通常所说的无声手枪，并不是一点声音也没有，只是声音很小而已，因为它与之前手枪射击时的巨大声音形成了鲜明的对比，所以我们用"无声"来命名这种手枪。大家想知道无声手枪的消音原理吗？其实就是在手枪枪口上装了一个消音器，可别小看这个小小的消音器，它的威力可大着呢。消音器是个圆柱体的空心装置，在射击时套在手枪枪口上，几厘米长的消音筒里构造并不复

杂，十几个消音碗连在一起，当手枪射击的声音经过这十几个消音碗时，一点点的被消耗掉，最后，射击的声音就很小了。

我国在无声手枪的制造方面也是名列前茅的，1967年我国自行研制生产的武器中，无声手枪的消音效果就跟上了国际水平，这种手枪操作方便、更容易瞄准、性能也非常好。国产第一代无声手枪射击距离是30米，产生的噪音也低于80分贝，射击的时候也不会产生烟雾、火光，隐蔽性好，适合侦查部队使用。

前苏联制造的无声手枪也非常著名，它们分很多种，而且各具特点，是专门为特殊的工作人员准备的。有的枪管很长，适合远距离射击，不过在战斗时就不方便了；有的瞄准功能突出，但是构造复杂，拆卸起来变得很不容易；有的一次只能发射两发子弹，对于连续战斗来说

就非常麻烦了。像这样的无声手枪，优点和缺点真的是非常明显呢。

除了我国和前苏联制造的无声手枪外，美国制造的无声手枪名气也很大。小朋友们是不是也觉得美国大兵们拿着手枪，穿着迷彩服的样子特别帅气呀。美国鼎鼎大名的无声手枪是他们在1942年第二次世界大战期间制造的，这种无声手枪有个鲜明的特点，那就是它的瞄准装置就设在消音器上。

今天，无声手枪在战斗中有了广泛的应用，再看动作电影的时候，小朋友们可要仔细观察，看自己能不能分辨哪些是无声手枪哦！

防弹衣为什么能防弹?

　　小朋友们，讲完神奇的无声手枪，现在我们来说一说同样神奇的防弹衣。手枪是种杀伤力很大的武器，防弹衣就是保护自己免得被伤害的防护衣，防弹衣的样子就像你们穿的毛衣背心那样，护着你的前胸和后背，因为在战斗时，最容易受到伤害的就是这两个部位了，它

们的面积很大，很容易被危险的武器伤害，一旦受伤就可能对人的生命造成威胁，所以我们要借助防弹衣的神奇能力来保护自己。

远古时候，中国人就知道用植物藤条编织成块，放在胸前来保护自己。在发明防弹衣的过程中，科学家们花了很多心血，他们曾经用真丝做成防弹背心，也在布料里放上钢铁等坚硬的金属，这种防弹背心防弹效果不好，也比较重，士兵们穿戴不方便，因为不实用就渐渐地被人们忘记了。经过好多次尝试，科学家们终于发明了保护效果明显、重量又轻的防弹衣。

小朋友们，你们知道防弹衣为什么能防弹吗？

能够防弹的防弹衣是"软"和"硬"的结合哦，说它"软"是因为防弹衣是用软软的多种布料缝成的；说它"硬"是因为防弹衣里的夹心要加入坚硬的板子。当子弹接触到"软"的部分，巨大的碰击力使得布料变了形，也就减轻了子弹的冲劲儿，人体受到的力量就小了很多呢。当子弹打在"硬"的板子上，大部分的力量就消耗掉了。只有它们两个相互帮助，人的身体才不会受到伤害。

战场上的士兵们穿着的防弹衣可以使他们免于伤害，因为战场上经常发生爆炸，手榴弹、子弹等武器发射后，强大的冲力使弹头碎成一片一片的，一不小心就会划伤皮肤，穿上防弹衣就不容易被小碎片划伤了。

小朋友们一定想得到：科学家们不但改进着手枪，那么也一定会不断改进防弹衣，不然的话防弹衣就起不到应有的作用啦！确实如此哦，近年来，随着武器的改进，防弹衣的作用也在增强，科学家们还发明了液体防弹衣，这种防弹衣里放着的不是厚而坚硬的板子，而是

一种特殊的物质，当子弹撞击这种物质的时候，这种物质就会产生抵抗力，这样就减轻了子弹对人体的伤害。据说，液体防弹衣很轻，只有普通防弹衣的一半重，虽然重量减轻了，可是弹性更大了，也更灵活，更好地保护人体。另外，科学家们还从自然界的动物、植物身上学习，制作了功能多样的防弹衣，比如学习蜘蛛结网，生产了蜘蛛丝防弹衣，还制作了能够抵挡风雨的防弹衣，穿上这样的防弹衣不仅不怕子弹了，也不怕大雨了，当雨很大的时候，身上穿的衣服都湿透时，防弹衣上像叶子一样的东西就会自己张开，衣服就透气啦。

科技的力量真是神奇呀！小朋友们，你们说是吗？

防弹衣只能防弹，不能防刀刺

防弹衣虽然能防止子弹伤害人体，但是却对刀刺没有什么作用，这是为什么呢？原来，子弹射击的速度虽然快，但是子弹射在防弹衣上的时候一大部分冲力被消耗了，防弹衣将这种力"吃"掉了。而用刀刺防弹衣的时候，刀尖的力道很大，防弹衣上软软的布料没有办法对付，往往就会被刀割破。

防弹衣为啥是个背心

防弹衣是在战斗时能够保护自己的衣服，那为什么不把防弹衣做成一件有袖子的衣服，或者再做个防弹裤呢？一是因为防弹衣需要软硬材料的结合；二来，腿部和胳膊的面积比较小，不容易被子弹打中；三来，防弹衣的造价很高，只做成背心状，把我们最脆弱最宝贵的地方保护起来就可以了。

为什么军人要穿迷彩服？

我国的军队分为海军、陆军、空军，他们都有着不同颜色的军装，海军军服是白色的，陆军军服是迷彩的，空军军服是蓝色的。陆军军人为什么要穿迷彩服，小朋友们知道为什么吗？迷彩服的颜色是由绿色、黄色、茶色、黑色等形状不规则的色块组成的，这些不规则的色块能够形成一种伪装色，它跟自然的颜色非常接近，能够让军人在战斗时尽量跟自然环境融为一体，不容易被敌人发觉，从而很好地保护自己。

古时候的军队也对衣服的颜色有要求，但是那样做的目的是为了辨别敌我双方，比如我方军人都穿黑色的衣服，对方军人穿红色的衣服，

战斗的时候才不会打错了人。

　　其实军人穿迷彩服这个传统并不是一开始就有的，在19世纪的时候，也就是200多年前，英国士兵们还穿着大红色的军服，在一次战斗中他们输给了人数只有自己五分之一的敌人。在查找失败原因的过程中，他们发现，军人穿的衣服太鲜艳，严酷的战争使得军人们都开始穿起了迷彩服。目前，军事科学家们已经设计了近800种颜色的迷彩服，虽然他们的颜色种类很多，但都有一个标准，那就是一定要以接近自然，保护军人为目的。

　　这下小朋友们知道军人穿迷彩服的秘密了吧！军人们穿迷彩服并不是为了帅气，而是为了在战斗中能够很好的隐藏自己。随着科技的发展，发明家们已经发明出一种叫做红外线侦察仪的器材，使用这种器材就能够分辨哪里是迷彩服，哪里是真正的大自然。不过，如果增加迷彩服对光的反应，那么就能够躲过红外线侦察仪的侦察。

　　目前世界通用的是6色迷彩服，中国军队的正式迷彩服分类很细致，有用于陆军夏天训练用的丛林迷彩，这种迷彩服比较常见，还有用于陆军冬季训练的荒漠迷彩。这两种迷彩的颜色有些区别，丛林迷彩用在夏季，颜色就偏绿一些，因为夏天花草树木生长旺盛，大自然的颜色要偏绿一些；而用在冬天的荒漠迷彩颜色就要偏黄一些，冬天的时候树木的叶子都落了，花草都枯萎了，大自然就没那么翠绿了。除了这两种迷彩服之外，还有海军用的海洋迷彩，空降兵用的城市迷彩，专门为西藏、新疆地区军队准备的高原荒漠迷彩服等等。

军人穿迷彩服的原因除了迷彩服的颜色具有隐藏作用外，还因为迷彩服比较舒适透气，适合野外作战和训练，同时，迷彩服也非常美观大方，看到军人们穿着迷彩服，小朋友们是不是都觉得很威武呢？

现在小朋友们知道军人要穿迷彩服的秘密了吗？生活中很多看起来很平常的事情，其实都包含了重要的原因，小朋友要做一个善于发现、探索的小孩子。

为什么坦克火炮在颠簸中还能打得准？

坦克跟拖拉机可是近亲关系，发明家们就是从拖拉机那威武的样子中提炼而成了坦克，它装备了武器、通信、动力、装甲等系统。坦克可是战争中的大家伙，它外表包裹着坚硬的铁皮，一般的子弹根本奈何不了他们，而坦克宽厚的履带可以让它们在原野上行驶，坦克还被称为"陆战之王"呢，坦克火炮能够连续射击，并且打得很准。小朋友们一定会问，为什么行驶在那么颠簸的林地上，坦克的火炮还能打得那么准呢？

在战争中，如果能够找到一种火力很猛、能够灵活移动、防护能力也好的武器，那么在陆战中岂不是无敌了吗？英国人斯文顿发现如果把机枪或者火炮装在拖拉机上，就能够满足以上三点，这真是一项激动人心的发现呀，威力无穷的陆上武器——坦克从此就在战争中诞生了。

1915年，第一次世界大战期间，斯文顿规划的坦克实验成功了，第一辆坦克重18多吨，配有好几挺机枪，能够越过1.2米深的沟，能够翻过0.3米高的障碍物。

之后经过不断改进，坦克的作用更多了，坦克的火炮在颠簸中也能够准确地命中目标。新式坦克上面装着火炮双向稳定器，这个稳定器就是坦克能够在行进中瞄准目标的重要法宝，稳定器能够使火炮稳定在最初定位的方向和高低上，哪怕坦克本身在不停地颠簸，但是火炮与目标的位置是保持不变的。坦克又是如何做到将火炮一直瞄准目标的呢？坦克里配有计算机，当坦克的火炮第一次瞄准

目标后，计算机就会记住当时火炮与目标之间的角度、高度等数据，随着坦克的前进颠簸，火炮口就会偏离之前的角度，这时计算机就会根据当时的风速、炮弹的性能等因素做出修正，调整火炮的位置、高度，使得它再次瞄准目标，这也就大大地提高了坦克火炮命中目标的能力，它的威力也就更大啦。

虽然计算机的帮助可以调整火炮的射击角度和高度，但是这种调整是补充性的，就是说它不可能比静止的时候射得准，或者说，这样做只能提高命中率并不能保证百分之百射中，坦克还是在静止状态下更能够准确地击中目标。

小朋友们，坦克一发明就在军事战争中发挥着巨大的作用，它又宽又大的履带滚动着前进，它细长的火炮四面旋转扫射目标，它坚硬的身体保护着里面的战士，这个野战霸主在世界军事武器史上写下了光辉的一页。

坦克名字的由来

坦克的英文名是tank,有"水箱"的意思。大家都知道,坦克是一种很厉害的军事武器,可是为什么要叫"水箱"这么一个不威风的名字呢?因为英国人发明它之后非常激动,但是又怕被敌人知道了坦克的存在,所以才不敢给它起太花哨的名字。事实证明,这个名字真的有短时间迷惑敌人的作用呢,谁能想到这个名字普普通通的武器居然会有这么大的威力呢!

坦克的分类

坦克不仅仅能在陆地上行走哦,目前的坦克分类中还有两栖坦克呢,就像两栖动物既能生活在水里又能生活在陆地上一样,两栖坦克能够通过水障碍,它的防水性能很好哦;还有可以扫雷的坦克,这种坦克特别装上了扫雷装置,可以方便地应用在扫雷战中;还有会喷火的坦克,坦克上装备了火焰喷射器,它可是纵火的一把好手呀。

坦克还可以架桥开路？

　　并不是所有的坦克都能架桥开路，装备了机枪火炮的坦克是用来战斗的，装备了架桥开路的设备的坦克就是用来开路的。对于汽车来说，在高低不平、坑坑洼洼的户外环境中行驶起来非常困难，更不要说带着沉重的设备翻山越岭了，而这样的事情对坦克来说却轻而易举。因为坦克就是为了适应这种颠簸的路面而设计的，它宽厚履带的减震效果很

好，可以适应野外高低起伏的路面环境。

坦克架桥车也叫做装甲架桥车，把架桥用的履带安装在坦克上，就不怕陆地上的障碍物了。坦克的外壳坚硬，还能够在敌人的炮火下快速完成桥梁建设。

在第一次世界大战中，坦克批量生产、战争实地应用成为现实。到了1918年，英国又发明了装甲坦克，该种坦克可以翻越壕沟。同年，架桥坦克也问世啦。而后，架桥车被制造出来，翻越障碍物的能力也提高了，最开始，它能够搭建7.5米的桥梁。1944年，英国研制的第一代架桥车的翻越障碍的宽度增加到了9米，等到第二代坦克研制成功后，架桥车的运用也更加熟练。20世纪80年代以来，架桥车制造技术突飞猛进，第三代架桥车也研发出来并大量生产。比如美国研制出了重达9吨的重型装甲车，中国1984年制造了可以对接平推的坦克架桥车。

说完坦克架桥车的历史，我们再来谈谈它的作用吧。在野外作战的军队，经常会遇到恶劣的天气状况，暴雨之后很容易引发泥石流、山体滑坡，

道路会毁坏，为了不耽误战争进程，军队必须高效地扫除障碍，保证行军速度。同时，遇到陡峭的石壁、突然暴涨的河流、沟渠等，坦克架桥车就要迅速在两岸架上临时桥梁，让部队和物资通过，这样才能克服障碍，顺利完成军事任务。所以说，坦克架桥车是一种在战争前线克服自然路况的工具车。

下面为大家介绍一下坦克架桥车历史上比较经典的车型——英国奇伏坦克装甲架桥车。英国最先制造了坦克、坦克装甲车。现在我们介绍的这个坦克架桥车是英国皇家兵工厂制造的，用于装备第32装甲工兵团的军用车辆。它1962年研制成功，1971年第一辆样车问世，三年后开始大批量生产，这种架桥车比目前生产的架桥车要重3000千克，它的性能在全世界同类架桥车里名列第一。

小朋友们，这下知道了坦克为什么可以架桥铺路了吗？原因是坦克被重新装备过了，设计师们将架桥用的长10米左右的履带安装在坦克上，这样，坦克架桥车就能在湍急的河流、山谷、沟渠上架桥了。坦克制造技术的发展决定着坦克架桥车的进步，各国还专门成立了装甲部队来训练士兵们使用这种坦克架桥车呢！

为什么催泪弹能使人落泪?

爱看动漫的小朋友们应该都还记得，在《魔术快斗》和《名侦探柯南》中，怪盗基德就是使用了催泪弹来对付敌人。那么小朋友们知道催泪弹为什么能打退敌人吗?

催泪弹，是一种化学武器，通过释放化学气体来刺激人眼流泪，所以又叫催泪瓦斯，一般只

催泪瓦斯

CS

能起到威胁、恐吓的作用，不会致命。

常用的催泪气体包括CS（邻氯苯亚甲基丙二腈）、CN（α－苯氯乙酮）、CR，这些化学物质对眼睛具有极大的刺激性；还有OC胡椒喷雾，这种气体会严重刺激人的呼吸系统，让人立刻有流泪、恶心、短时呼吸困难等感受。

在低浓度下，催泪气体可使人眼睛受刺激，从而不断流泪，不能张开眼睛，还可能导致呕吐的副作用。遇到催泪瓦斯，我们要赶快躲开，到通风良好的地方，用清水和香皂清洗脸部，尤其要重点清洗眼睛和鼻子。

催泪弹的作用原理伴随着一系列的化学反应，具体情况是这样的：催泪弹中装有镁、铝、硝酸钠、硝酸钡等化学物质。引爆后，镁遇到空气中的氧气快速燃烧，并释放出包含紫外线的耀眼白光，同时

释放出热量使硝酸盐分解，产生的O_2（氧气）又进一步促进镁、铝的燃烧。催泪弹中还装有易挥发的液溴，它能刺激人的敏感部位——眼睛和鼻子等器官粘膜，使人流泪。有时还装有毒剂，比如西埃斯，它能使人不停地流泪，并导致人剧烈咳嗽、喷嚏不止，令人难以忍受，严重的话还可能导致死亡。

催泪弹可以分为燃烧型、爆炸型两种。其中，燃烧型催泪弹在作用过程中可产生彩色烟雾，但不产生致伤破片，能起到迷惑和恐吓作用，这种催泪弹在世界各国装备量最为普遍；爆炸型催泪弹，多采用橡皮或塑料弹体，内装粉状刺激药剂，配有延期起爆引信，靠弹体内少量引爆药将刺激粉末迅速分散到目标区域，可快速产生刺激作用，不会产生杀伤破片，这类催泪弹品种不如燃烧型多，使用也不够广泛。

催泪弹可以像玩水枪那样喷射，也可以像扔手榴弹那样投掷，还可以改装成地雷使用。催泪弹体积小，携带、使用方便，威力适度，因而得到了世界各国的广泛认可。在现实社会中，作为防暴武器系列的重要组成部分，催泪弹主要供警察、治安和执法部门使用，用来制服暴徒或驱散骚乱人群，目前世界上已有2／3的国家和地区装备使用。催泪弹虽然会在短时间内对人体造成伤害，但是这种武器已经把伤害降到了最小，如果不是催泪弹，大规模的动乱就无法控制，人类也将面临更加严重的损失。

还有一些非军用的催泪弹，它们的威力没有那么大，对人体造成的伤害也小一些，但是我们还是不能轻易使用它们，只有到了迫不得已的时刻，需要驱散混乱的人群，强制人们去其他安全的地方时，才会用到这些催泪弹。现在小朋友们对催泪弹有了一定认识了吧？

你知道吗?

自然界里的"催泪弹"

印第安人世代居住在南美洲的热带雨林深处,在那里,有一种叫做"马勃"的天然植物,它长得像南瓜,有10斤重呢,它成熟以后,皮就会破裂开来,晒干后,手一碰就会冒出黑烟,人一闻就会打喷嚏、流眼泪,这就是天然的"催泪弹"。

被催泪弹熏过之后要怎么办?

被催泪弹里的烟雾熏过之后,眼睛会感到特别疼、怕看到强光、一直流眼泪,那么如何才能缓解这种症状呢?最好的办法就是迅速离开催泪弹制造的烟雾区,而后用清水仔细冲洗眼睛、鼻腔。

什么是钻地弹？

　　会钻洞的不一定只有老鼠哦，有一种会打洞的厉害武器叫做钻地弹，听听它的名字就知道这个炮弹是非常与众不同的呀，让我们一起详细地了解一下它吧。

　　钻地弹的弹头是尖尖的，它发射出去后速度很快，很快的速度加上尖尖的弹头使得钻地弹能够轻松的破开泥土，钻入地下。钻地弹是从哪里发射出来的呢？钻地弹需要很快的速度才能够形成强大的动力钻入地下，所以，一般的炮管无法满足钻地弹的要求，只有巡航导弹弹体、火箭、航空炸弹的弹体才能够使钻地弹的初始速度达到要求。

　　钻地弹还有一种很了不起的本领，那就是它碰到地面后不会立即爆炸，它会朝地下

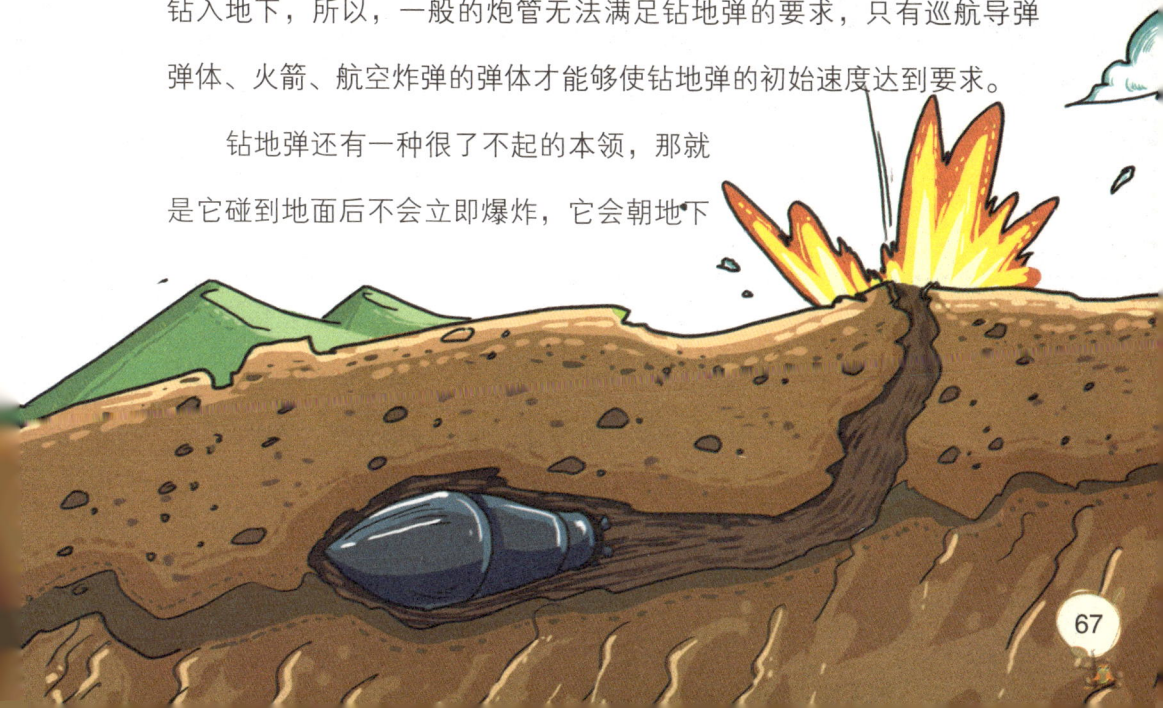

使劲儿地钻，有的钻100多米才爆炸呢，看，钻地弹是不是很特殊呀？究竟钻进地下多久才爆炸是可以控制的，钻地弹控制系统控制着钻地弹的钻入深度，如果需要摧毁的主要是地面军事工程，那么钻地弹就不需要钻入地下太深；如果需要摧毁的是在地下很深很深的军事工程，那么钻地弹就会钻的深一点儿，这种可以控制深度的功能可以使钻地弹更完美地完成任务。

普通的钻地弹里填装的是炸药，它到达地底后发生爆炸，产生破坏力；装入核物质的钻地弹叫做核钻地弹，它的破坏力要大得多。

钻地弹钻地的能力独树一帜，哪怕是在现代军事战争中，它都算得上很厉害的武器呢。在空气中爆炸的弹药由于受到的阻碍小，炸弹不需要很大的能量就能摧毁目标了。但是在地下爆炸的弹药就大大不同了，它们需要更大的威力才能够完成任务，特别是如今军事科技发展迅速，很多军事设备的防护功能越来越强，在地下很深很深的地方建设军事基地也成为了可能，这就增强了地下军事基地的安全性，要破坏它们可就难上加难了。还好有钻地弹这样的武器，它爆炸后力量很大，能够破坏地下的军事基地，在加上科学家已经研制出来的威力增加很多的核钻地弹，多么坚硬的地表都能被攻破呦！

　　小朋友们，这种钻入地下才爆炸的炸弹威力无穷哦，了解它的原理之后，是不是觉得军事武器的种类多样，这样的军事知识真是有趣呀。

为什么导弹靠近目标才会引爆？

小朋友们都会有一个学名，一个小名，比如李芳就是学名，芳芳就是她的小名。导弹的全名是导向性飞弹，导弹只是它的小名。 导弹是由控制台控制的，导弹上面装的推进装置能够使它前进。

导弹的发明者是德国人冯·布劳恩，他出生于一个贵族家庭，从

电磁波

无线电引信

小就富有求知、好问的探索精神，13岁的冯·布劳恩就进行了一次火箭实验，他不断自制火箭，梦想着飞上太空。后来他还在美国参与了将飞船送上太空的计划，多么伟大的一生啊，他为梦想不断努力，他的名字也被永远流传下来。

导弹的威力很大，装着普通火药的导弹叫常规导弹，装着核物质的是核导弹，导弹只有接近目标之后才会爆炸，小朋友知道这其中的奥秘吗？原来导弹上装着一个智能的无线电引信，导弹一旦发射出来，这个无线电引信就开始工作了，它发出强烈的电磁波，这样的电磁波如果遇到飞机、军舰等物体就会反射回去，随着导弹渐渐接近目标物体，它反射的电磁波会随之变化，等到电磁波到达目标附近，无线电引信就会根据电磁波发出的指令引爆导弹，击毁目标。

小朋友们，你们知道吗？导弹可以从很多不同的地方发射出去，从地面上发射出去攻击地面目标的叫做地地导弹；从地面

发射出去射击空中飞行物体的，叫做地空导弹。别忘了导弹上自带了推进装置，所以只要在射程范围内，导弹完全可以击中空中的飞行物体哦。此外，导弹还能够在水下、空中发射呢，总之，只要有相关器材，导弹就能够从海陆空发射出去。

在众多导弹中，比较有名的是弹道导弹和巡航导弹。所谓弹道导弹就是在发射之前已经给它预设了运动的航道，就像小朋友们玩上发条的小汽车一样，小汽车会按照直线前进，与小汽车类似，导弹在发出之前已经有了一个路线图，发射后导弹就照着路线图飞了出去，控制系统关机后，弹道导弹就落了下去。因为巡航导弹的飞行线路是可以控制的，所以这种导弹的威力很大、命中的可能性也大。目前拥有巡航导弹制造能力的国家并不多，但是美国、俄罗斯、英国、法国、中国、印度等国家已经拥有了这种技术，美国、俄罗斯甚至已经拥有了发动核打击的巡航导弹制造技术，这样的巡航导弹威力更是大得惊

人，就算是在大规模战争中，也不会轻易使用，否则对于人类来说将是空前的灾难。

世界上著名的导弹有德国的"V-2"、俄罗斯的"飞毛腿"、中国大陆的"东风"。导弹的威力可是很大的喔，它的精确性很高，指挥中枢可以用导弹对敌方进行毁灭性的打击。

小朋友们，导弹发射后发出了电磁波，就像蝙蝠能够发出超声波一样，蝙蝠总是在漆黑的洞里生活着，它们靠发出超声波来判定前面有没有障碍物，导弹的电磁波也运用了相似的功能。当导弹靠近目标时，导弹发出的电磁波的波段就显示目标已经在可以打击的范围内了，这就意味着导弹可以引爆了，这就是为什么导弹只有在靠近目标的时候才会爆炸。

为什么导弹要装"自毁"装置？

有一次和儿子一块儿看电视，新闻里说美国发射了一枚导弹，但是没有顺利爆炸，最后自行销毁了，儿子一听非缠着我问为什么导弹会自行毁灭，我支吾了半天也回答不上来，那一天我的耳根都没有清静下来。后来上网查了一下，总算弄清楚了。

导弹很精密，击中目标也有非常大的把握，可是，再怎么精确也会出现意外和故障，导致导弹不能准确无误地飞向目标。一颗完不成任务的导弹有可能会伤及无辜。这时，不可能再把它收回来，只能启动自毁装置，让它自行毁灭。

　　导弹的威力很大，如果导弹发射出去却不能在指定的地方爆炸，无论它中途落在哪里，都会对当地人的人身安全造成巨大的威胁。古语说：人有失手，马有失蹄。哪怕是再先进的科学技术都有可能出现问题，一旦导弹不能按预定轨道飞行，或者在导弹发射后，我们决定不让它去摧毁目标了，就需要启动导弹的自毁装置，让它自己在空中爆炸，以免造成人员伤亡。

　　大家想知道导弹是如何自毁的吗？首先，我们需要开启判断装置对导弹进行检测，如果觉得导弹真的需要自毁，它就会发出信号来启动导弹的自毁装

置，导弹就会爆炸。如果是填充了核物质的导弹，那就不能让它自己爆炸了，因为核爆炸的危害很大，我们应该用化学爆炸让它毁灭，防止核爆炸产生的危害。

启动导弹中的自毁装置出于两种考虑：一是为了保护安全，自毁装置可以保证对导弹攻击任务的最终控制。在导弹发射后，指挥员如果接到任务取消命令，自毁能够使攻击行动立刻停止。这一点在交战双方都有大量导弹对峙时尤为重要。

二是为了保密。防止导弹内部的秘密暴露，比如雷达的频率、最大航程、速度、核心技术等等，如果导弹不自毁而是让敌方得到，那么这些数据都是能被分析出来的。战略导弹携带的核弹头，是国家的核心机密，如果因发生导弹事故而使核弹头丢失，将造成巨大隐患。因此到了不得已时，炸毁导弹是最佳选择。

因此，导弹安装自毁装置被认为是"发射失败的救命符"，也是避免核战争的最后一道保险。几个大国频繁试射战略导弹，失败也屡见不鲜，但未发生核爆炸或大范围核污染，导弹自毁装置功不可没。俄罗斯试射"布拉瓦"新型洲际弹道导弹偏离轨道后，为了防止洲际导弹落到其他地方，控制部门立即启动自毁装置让导弹掉入了大海。

耗费巨资研制成功的导弹，有时候也要忍受这种"自毁"的命运，不过，小朋友们也不要觉得可惜，适量的武器是一种威慑力，太多的武器却会让世界变得不和平，我们可都是爱好和平的新世纪少年呢。

为什么核武器爆炸会产生蘑菇云？

　　小朋友们应该都听说过原子弹吧？大家是不是对它的巨大威力感到震撼呢？其实啊，原子弹才是核武器的第一代，可以说原子弹是新式核武器的"祖师爷"，随着时代的发展和科技的进步，原子弹已经落后了，科学家研制出新式核武器，它威力无比，受到全世界人们的关注。

　　那么到底什么是核武器呢？

　　核武器是某些特定化学武器的总称，指一些特定的化学物质经过一系列化学反应，产生爆炸作用，并造成许多人伤亡、许多道路建筑被炸毁的现象，给人类带来巨大损失。

　　核武器是一种与核反应有关的杀伤性武器，包括氢弹、原子弹、中子弹、三相弹、反物质弹等等。

　　核武器的发展经过了四个

阶段。 第一代是原子弹，第二代是氢

弹，第三代是中子弹，第四代是核

定向能武器。 核定向能武器是

目前最新式核武器，可以精

确锁定攻击目标，然后集中

火力攻击敌方，因而威力

较前三代都要强劲得多。

　　小朋友们在电视上有

没有看见过原子弹爆炸时产生的蘑菇

云呢？

　　蘑菇云，是由于核爆炸而产生的烟雾，

上头大、下面小，形状像蘑菇，但是这种蘑

菇云都是非常巨大的哦！蘑菇云里面可能会有

浓烟、火焰和杂质，并且温度很高，会烫伤人

的，所以当小朋友们遇到时要赶快躲开，千万

不要好奇地走近去看啊！

　　有些小朋友可能会问：为什么它要向天

上冲呢？

　　那是因为，原子弹在爆炸

时，释放出了巨大的能量，并

Boom

产生几千万度的高温与几百万亿帕的高压。这些高温高压迅速地影响着它周围的空气，大约在二万分之一秒的时间内就能使它周围的空气升温、膨胀、快速上升，并依靠上冲时的巨大能量将地面的石头、碎片、粉尘等各种物质颗粒卷上高空。

这种高温高压下的火球向爆炸中心四周激烈扩散，数秒钟后变成高温高压的烟球，然后向一个阻力最小的方向——天空冲去。到了几百米的高空，除了下方以外的其他五个方向阻

力都比较小了，于是高温高压烟球就向天空的四周扩展，逐步形成了一个磨菇状烟云。

蘑菇云什么时候消散呢？

随着气流上升，高度的增加，大量气体最终到达和周围空气同样压力的高度，地面压力逐渐减小。这个时候，从地面被带到天空中去的小石子、石块、灰尘等都会像下倾盆大雨一样，从烟云中掉下来，最后，烟云也逐步由浓变淡而向四面散开，直到消散得无影无踪。

原子弹爆炸有什么危害呢？

例如，第二次世界大战中，美国向日本投掷了两颗原子弹，造成了几百万人死亡，无数房屋、道路成为废墟，最后逼迫日本无条件投降。因此，可以看出原子弹的威力大得惊人。

我们普通人对原子弹的印象，除了传说中那无比巨大的破坏力外，剩下的大概只有那壮观的蘑菇云了。但是，究竟蘑菇云是怎么形成的，知道的人就寥寥无几了。所以小朋友们要多看看书，多了解一下，以后也许会派上用场哦！

核检查有哪些不同的方法？

　　小朋友们，核武器对人类生存威胁巨大，核武器的扩散和销毁方法我们也应该掌握，否则核武器对于人类来说就是不可控制的猛兽啦。目前，世界上已经发明了三种核检测的方法，它们分别是国家技术核检查、国际技术核检查和现场核检查。

　　国家技术核检查，是指国家政府用本国拥有的检测技术来检查，这种检查也可以分为普查和详查两种 。普查就像人口普查一样 ，核检查的普查可以针对某些存在核武器或者核污染可能性较大的地区。普查是一种费时费力的工作，像中国这么大的领土范围，每做一次人

口普查就要耗费几个月甚至一年的时间，所以大多数情况下，我们并不采用这种办法。通常情况下，我们可以利用卫星探测技术把核武器存在的范围缩小，然后再进行普查，这样就能节省时间、提高效率。详查就是要非常详尽的调查，我们中的大多数人都没见过核武器，对于核武器的调查必须借助专家的力量，在缩小核武器存在的地区范围后，核专家们就可以投入到这些地区进行详查了。

国际技术核检查是国家技术核检查的扩大化，核武器是全球性的问题，核扩散、核污染是全球性的灾难，一个国家的力量是非常有限的，所以各国必须团结起来，成立国际组织共同进行核武器检测。目

前，国际上已经成立了这种组织，这个组织的主要工作是对各国进行核试验的次数进行监测和统计，同时，定期开会公布国际上核武器的存在数量和现状。这样一来，各个国家都能够了解到目前世界上存在的核武器现状了。

　　第三种检查的办法是现场进行的，世界上拥有核武器的国家并不多，核大国之间可以相互派出监察员到对方的核基地进行核武器的现场检查，检查时要核对核基地里的核武器数量是否与其汇报的数量一致，这种现场检查必须是对等和随机的，两个国家友好协商、相互检查。另外，如果一些原本没有核武器的国家被怀疑暗中制造核武器，

欢迎监督检查

就必须由国际原子能机构出面进行现场检查，其他国家不能私自进行现场检查。

小朋友们，国际上进行过核爆破的国家有8个，其中的5个被视为拥有核武器的国家，他们分别是美国、俄罗斯、英国、法国和中国，虽然拥有核武器国家的数量并不多，但是核武器的总量是十分巨大的，它们足以毁灭地球，所以我们要了解核武器的三种检查方法，结合本国的科技手段同国际组织合作，共同控制核武器的扩散，保护地球的安全。

曾经拥有核武器的国家

南非曾于1979年制造出了核武器，但是1990年就销毁了已经制造的7枚核弹，并签署了核不扩散条约。除了南非曾拥有核武器之外，白俄罗斯、哈萨克、乌克兰也都曾拥有核武器，不过这三个国家于20世纪90年代中期将他们的核武器交给了俄罗斯。

什么是核辐射?

所有的物质都会进行辐射，但是核武器放出的核辐射是由其在爆炸的时候放出粒子流造成的，粒子流非常微小，我们用肉眼是无法看到的。大量核辐射会对人体造成严重的危害，孕妇如果受到辐射可能会造成胎儿畸形或者基因的变异，大量的辐射可能会诱发癌症、杀死一切有生命的物质。

为什么贫铀弹的危害那么大？

小朋友们肯定都听说过原子弹，但是都没有听说过贫铀弹吧？贫铀弹是很少见的，但是它的危害却是很大的。那么，什么是贫铀弹呢？

贫铀弹是指以贫铀为主要原料制成的各种导弹、炮弹或子弹，以高密度、高强度、高韧性的贫铀合金做弹芯。它在袭击目标的时候，会产生一系列化学反应，并且产生很高的温度（温度高达几千摄

氏度，可以很轻易地将钢铁熔化），然后发出巨响，"轰"的一声爆炸开来。它的爆炸力、冲击力和穿透力都非常惊人，大大超过一般弹药，可以很轻易地摧毁坚固高大的建筑物，连坦克和装甲车也会被炸飞。恐怕动画片里很了不起的钢铁侠也会被贫铀弹炸飞的，连奥特曼估计都得叫贫铀弹一声爷爷吧。

贫铀弹粗分为4种：第1种是专门用来摧毁庞大建筑物的，有6米长，100多千克重；第2种是反坦克贫铀弹，是用来对付坦克的，每1枚含铀3.2千克；第3种是专门用来摧毁机场跑道的炸弹，每一枚总重量有600千克；第四种是微型的贫铀弹，用来近距离、集中火力轰炸目标，只有半千克重，像尺子那么长。

最要命的是，贫铀弹不仅威力强大，它的危害性也是令人毛骨悚

然的，就像吃人不吐骨头的白骨精，让人一提到它的名字就会发抖，脸色苍白，甚至吓得要晕过去一般！这是因为，贫铀弹爆炸后，会产生大量的化学辐射和放射性的物质，这些东西对人体都是极为有害的，还会极大地污染环境，让美丽的大自然顷刻间就变成一片荒漠。

贫铀弹爆炸以后，弹壳内的贫铀会像"灰尘"一样漂浮在大气中，人们不能识别它，很容易把它们吸进鼻子里去，但是这些"灰尘"被人体吸进肺部以后又很难被肺液消化，就会一直残留在人体内，进而进入到血液中，侵蚀着人体。如果吸进的贫铀粉尘较多的话，人们就会得白血病，甚至还会得癌症，直至被病毒折磨致死。

另外，这些放射性微粒和气溶胶会随着空气流动、四处飘散，逐渐沉降到地表后，就会进入到水流和土壤中，从而污染环境和人类的

食物链，给人们的生活和生产带来严重影响。

贫铀弹中的贫铀属于重金属，它不仅具有极强的放射性，还具有很强的毒性，能引起人类中毒。会导致人的心情烦躁、头痛、肌肉关节痛、睡眠障碍、肾功能衰竭；严重的可能导致呼吸道疾病、皮肤疾病，甚至可以致癌。

专家们还认为，贫铀炸弹会使婴儿一出生就患上白血病、癌症以及各种畸形症。在海湾战争、科索沃战争、伊拉克战争中，美国大量使用了贫铀弹，给巴尔干半岛和伊拉克部分地区带来了严重的污染。在这些地方，有很多人患上了癌症。那里的新生儿畸形率或死亡率比正常地区要高出10多倍。而伊拉克有一个港口城市，原来环境很优美，但是现在却变成了荒漠区，这都是在战争中使用贫铀弹造成的。

所以，小朋友们一定要记住，贫铀弹绝对不是一个好东西，它只会带给人类灾难。

你知道吗？

贫铀弹到底有多大威力呢？

贫铀弹的威力比普通的炮弹要大得多。它的爆炸力、冲击力和穿透力都非常惊人。它爆炸的时候，能轻易地将钢铁熔化，它还能够摧毁坚固高大的建筑物，连坦克和装甲车也会被它炸飞。如果贫铀弹要攻击一堵高大的墙，那么贫铀弹穿过这堵墙后，墙体马上坍塌，粉碎成颗粒状的灰尘，连大一点的小石块都不会有。如果碰巧有人被贫铀弹袭击后，这个人会被烧成灰，连骨头毛发都不会剩下。

号称"毁灭性武器"的贫铀弹到底有哪些危害呢？

贫铀弹爆炸后，对人体会有辐射危害，还会污染环境。这种"毁灭性武器"会导致人体患上呼吸道疾病、皮肤病，甚至可以致癌，还会使婴儿一出生就患上白血病、癌症以及各种畸形症。当然贫铀弹也会危害小动物、小植物，贫铀弹会使美丽的大自然变成寸草不生的荒漠。

为什么计算机病毒武器胜似核武器？

家里有电脑的小朋友应该对计算机病毒不陌生吧？下面我们一起探讨一下计算机病毒吧！

近年来，"计算机病毒"肆虐全球，扰得人们不得安宁，人们纷纷诅咒它是一个从魔瓶中跑出来的魔鬼。但敏锐的军事家却从它巨大的破坏性中看出：如果将它运用到战争中，那么它将是威力巨大、

胜似核武器的超级武器。在信息社会中，用计算机病毒进行战争比用任何武器都更为有效，也更现实，因而被称为"信息战场上的致命杀手"。

计算机病毒是指在电脑中编写或插入的一系列程序代码，这些代码会篡改和破坏计算机中正常的程序和数据文件。它能像生物病毒那样，不但会传染给其他程序，而且能通过被传染的程序进行活动，并能在计算机中自我繁殖、扩散，使计算机不能正常运行。它大约产生于20世纪80年代初期，短短的几年时间，它如同瘟疫一样蔓延到世界各地，致使全世界相继发生了众多恶性事件。

计算机病毒具有复制性、传染性、隐蔽性、破坏性。它能使敌方计算机系统处于超负荷运行状态，还可以篡改、毁灭许多重要文件、数据以及软件系统，能够隐蔽地长期潜伏或自动消失。

目前，电脑病毒武器所用的主要有：特洛伊木马病毒——在正常的程序中隐藏着秘密指令，在其执行时将计算机内存的有关信息储存起来并定期传递到病毒设计者的终端；意大利香肠战术病毒——每每通过迫使正常程序在运行中作出小小让步的方式以达到最终目的；暗杀型病毒——在破坏了计算机系统的一个或多个文件后而不留痕迹地自行消逝；强制中断型病毒——自动关机而迫使计算机系统瘫痪；电子邮件病毒——以电子邮件邮寄病毒到对方的计算机中，感染对方的系统，破坏对方的硬盘，以致使对方的电脑彻底毁掉；间谍型病毒——秘密侵入主机后，记下使用者每次所击打的头128个键并传送给间谍，从而获得该电脑及与其经常联系的系统的密码、用户身份、入口代号等信息。

计算机病毒能够控制程序，干扰电脑运行；消耗内存以及磁盘空间，狂发垃圾邮件或其他信息，造成网络堵塞或瘫痪；窃取用户隐私、机密文件、账号信息；使人们对病毒产生恐惧感，它就像"幽灵"一样笼罩在广大计算机用户心头。

随着计算机病毒武器的不断发展，有人预言，用电脑进行战争比用核武器进行战争还有效。例如，海湾战争前夕，美国的情报人员就曾将美国安全机构设计制造的计算机病毒芯片悄悄装入伊拉克从法国购进的电脑中，因此在战争一打响后，就使伊拉克空军防空指挥系统完全失灵。

所以小朋友们不要随便点开一些垃圾网站，还要记得经常为电脑清理杀毒哦！

生物武器

为什么生物武器如此令人恐怖？

生物武器以前叫做细菌武器，这种武器是把装有病毒、毒素、微生物、细菌的子弹打出去，或者用喷雾喷出去，它可以毁坏植物、杀死动物。这种病毒进入人体、牲畜体内后就会立即大量繁殖，破坏组织机能，让人和牲畜生病，甚至死亡。据报道，目前有160多种生物武器可以在战争中使用，但是真正能够达到让动植物生病、致命的生物武器并不多。

古代的医疗技术比较低下，简单的生物武器就能起到很好的效果。早在3000多年前，就有人把生了病的绵羊放到敌方的城市里，敌人吃了生病的绵羊就会得病，然后丧失战斗的能力。古时候，一遇到洪涝、干旱等恶劣的自然天气，人类就会因为粮食不足而生病或者饿死，没能及时处理的话就会产生很多病菌，这些病菌快速地传播着，往往就会造成瘟疫，瘟疫蔓延到哪里，哪里就会有大量的伤亡。战争中使用的生物武器也正是利用了这种肉眼看不到的病菌，它们的传播速度很快，也能对人体造成巨大的伤害，因此它是非常恐怖的。

生物武器的发展大致经历了两个阶段。在第一阶段中，为了侵略

他国而研发这种武器的德国，曾让特殊工作人员小范围投放过炭疽杆菌等几种细菌，虽然效果显著，但是因为投放的范围比较小，危害不是特别大；但是到了第二阶段，1930年到1980年间，德国和日本都曾大量研制过生物武器，生物武器的种类也达到空前的数量，他们甚至借助飞机、昆虫来传播这种病菌、病毒，使得感染范围非常大。历史上很多国家都在战争中使用过生物武器，日本侵略中国的时候，其细菌部队就散播过鼠疫、霍乱等病毒，造成了大量的人员死亡。

生物武器的传染性很强，人畜一旦感染上病毒很容易致病甚至死去。生物武器的传播范围也很广阔，能够达到几百平方千米甚至几千平方千米，对于这个范围内的人畜来说，后果将是恐怖的、致命的。

但是，如果有高超的医疗技术、全面的保护措施，生物武器的危害也是可以减轻的。比如有些病毒的传播会受到天气的影响，有的在高温情况下很快就会死去，有的被风一吹浓度就会降低或者飘到其他的地方。当敌人已经投放了生物武器时，我们要做的就是不要惊慌，尽快带上防毒面具，把袖口、裤脚都紧紧扎起来，上衣也要扎进腰带里，脖子上围上毛巾，防止病毒接触我们的皮肤，尽可能地减少感染的可能。另外，我们也要及时接种疫苗、服用预防生物武器的药物。

生物武器太过恐怖，以致于早在1925年的时候，有关国家就达成了《禁止在战争中使用窒息性、毒性或其他气体和细菌作战方法的议定书》，后来又达成了消灭生物武器的公约，中国曾受到日本使用的生物武器的危害，因此坚决表态禁止使用生物武器。

什么是新概念武器?

　　新概念武器这个说法是相对于传统武器而言的,那么什么是传统武器呢?手枪、机关枪、坦克这些都是传统武器。新旧武器的划分依据是什么呢?新概念武器的威力有多大,它们的制造原理又是什么呢?大家不要心急,我们慢慢来介绍新概念武器吧。

　　定向能武器、动能武器和军用机器人都是新概念武器。定向能武器是使用粒子基因作为主要工具的武器,粒子基因武器又称为DNA武器,DNA是一种记录我们遗传密码的分子,它能够存储遗传信息。从DNA携带的信息里,我们可以判定父母

致病
DNA

BOOM

和子女的关系，因为子女必然会继承他们父母的各一半的基因信息。粒子基因武器是一种非常恐怖的武器，如果把携带致病DNA的生物放入社会中，接触到的生物都会得病，这种传染是难以治疗的，是基因遗传方面的破坏，这种武器造成的危害难以预计。目前大部分的新概念武器都还处于研发阶段，由于它们的威力巨大，人们还不了解它们究竟会产生多大的危害，也没有针对它们的解决措施。

　　动能拦截弹、电磁炮都是动能武器，这种武器发射弹头的飞行速度是音速的五倍，跟超高音速飞机的速度差不多，在如此快的速度下飞行的子弹威力大大增加，破坏力也更强一些。

　　机器人想必大家都不会陌生，不过军用机器人跟普通的家用机器人有很大的不同。家用机器人帮助我们做家务，而军用机器人则是为了战斗而生的。两种机器人的程序设定不同，军用机器人要具有会战斗、能够侦察敌情等等功能。

　　下面我们再逐一介绍一些新概念武器，除了上面提到的粒子基因武器、动能武器和军用机器人，我们再谈一谈次声波武器、幻觉武器和一些不会致命但是作用很大的武器。

我们的耳朵虽然灵敏，但是我们的听觉范围是有限的，也就是说，太高的声波和太低的声波我们都听不到，我们能够听到的只是一段频次内的声波。狗的耳朵能够听到的声波范围比我们大，所以它们能够听见很细微的声响。次声波武器就是能够发出低频次声波的武器装备，虽然我们听不到这种声音，但是这种次声波却能够让我们的身体丧失战斗力，原因是次声波振动的频次跟我们心脏振动的频次相似，它们会产生共振，使得我们感到非常不舒服，于是就使不上劲没有了战斗力。大家都知道，声波是能够通过空气、固体和液体传播的，所以，哪怕我们躲进房间里也不能幸免于难，这就是这种次声波武器的可怕之处呀。

幻觉武器的秘诀就是让敌人

产生幻觉，从而丧失战斗力，那么，怎样才能让敌人产生幻觉呢？我们可以用激光装置在战场的空中透射影像，这种影像会影响敌人的士气，使得敌人产生害怕、退缩的心理，产生幻觉的士兵会变得厌恶战争，从而让我们从心理上战胜敌人，让对方缴枪投降。

并不是所有的武器都要取人性命的，那些不致命的武器往往也能够起到很好的效果，不致命的武器是为了消灭敌人的装备而设计的，想想看，如果士兵没有了枪炮，那他还有跟你战斗下去的信心吗？在机场跑道、高速公路上喷洒超级润滑剂会有怎样的后果呢？超级润滑剂能大大降低摩擦力，让滑行的飞机根本飞不起来，让高速公路上的汽车车轮也会一直打滑，这样对方就没有办法战斗了。怎么样？新概念武器是不是很厉害、很奇特呢？

利用电磁场也可以制造武器？

　　爱动的男孩子应该都喜欢飞机和大炮吧？那么，小朋友们有没有听说过电磁炮呢？在电影《变形金刚2》中有个情节，美军最后动用了一件神秘兵器，从战舰上发射了超高速炮弹，对金字塔顶的"大力神"予以毁灭性打击，这个武器就是新概念动能武器——电磁炮。下面就由我来为大家介绍一下电磁炮吧！

　　电磁炮是一种先进的动能杀伤武器，利用电磁系统中电磁场的作用力，可以大大提高弹丸的速度和射程，增强武器的杀伤力。它主要

由能源、加速器、开关三部分组成。这种新型武器的动力来自电流，其作战原理是让"非爆炸性子弹"沿着弹道超音速冲向敌方目标。据说，装备新型电磁炮可以让海军舰队在更安全的海域射击敌方目标，且具有极大的破坏力和震慑作用。

2010年12月12日，美国研发的强力武器电磁轨道炮试射成功。美国海军在试射中，将电磁炮以5倍音速的极速，击向200千米外目标，射程为海军常规武器的10倍，破坏力惊人。而最抢眼

五倍音速

之处在于，其炮口动能创造了一个新高，达到33兆焦耳。小朋友们，你们知道么？一兆焦耳能量的破坏力可是相当于一辆一吨左右重的卡车以160千米的时速撞向一堵墙的破坏力呢！

　　美军打算在8年内进行海上实测，并于2025年前正式配备于军舰。自从这次试射成功后，电磁炮越来越受到各国军方的重视，相信它将成为未来最重要的新式武器之一。

　　与传统火炮相比，电磁炮优势比较明显：一是炮弹速度非常快，可与导弹相媲美，大大缩短了炮弹飞行时间，提高了对运动目标的命中精度和摧毁能力；二是能量成本低；三是隐蔽性好，炮管可以设计成方形、椭圆形等，灵活方便、炮口火焰、噪音及后坐力小；四是电磁炮的炮弹尺寸和质量小，可以装入更多的弹药。此外，电能也比火药更容易控制，使用起来更加安全可靠。有科学家预测，电磁炮将被赋

予"战争之王"的称号，它还将终结传统火炮时代，开启动能武器时代的新纪元。

电磁炮真的很了不起，很多人都觉得它很神秘，其实它的工作原理很简单。好比电磁炮就是一个弹弓，在电磁导轨炮中，有两条平行配置的导轨，它好比是弹弓上的两条皮筋；有一个只有几克重的弹丸，好比是弹弓中的石子。弹丸安放在两根导轨之间，当强大的电流从一根导轨流入，通过弹丸从另一个导轨流出时，就会在空间形成一个巨大的磁场，将重量很轻的弹丸迅速地从导轨上推射出来。这时，只见一道白光划过天际，"轰"的一响，人的大脑还没有反应过来，炮弹就飞得无影无踪了。弹丸体积虽小，但由于初速度特别高，所以具有很强的穿透力，打穿厚厚的钢板都不在话下。

介绍到这儿，小朋友们是不是觉得电磁炮没有那么神秘了呢？

激光武器的杀伤力
有多强？

　　光也能够成为杀伤力很强的武器吗？不要怀疑，激光武器就具有很强的杀伤力，激光武器的光束非常集中，可以把力量集中在一点上，在未来，激光武器还可能成为一种常规威慑力量呢。

　　激光武器分为战术和战略激光武器两类，战术激光武器是指直接把激光应用于实际战争中，用激光杀死敌人，击毁敌人的飞机、坦克等，激光武器比我们通常见到的枪弹的打击范围要大得多，它的目标

射程可以达到20千米。战术激光武器的主要代表有激光枪和激光炮，激光枪的枪身跟手枪看起来没什么差别，不过它用的不是子弹而是激光，虽然它们还没有大规模投入使用，但是它们的杀伤力却不容小看。战略激光武器可以攻击远距离的洲际导弹、太空卫星等目标，它们在宇宙内进行部署，是激光武器和航天飞行器相结合的结果。作战时，地面上的激光武器向太空中发射激光，然后激光再被天空中的设备发射到目标上。

自从发现激光武器的巨大威力后，美、俄等国投入了大量科研经费研制激光武器，80年代末，英国部分军队已经配备了实验性激光武器。激光武器杀伤力大，但是费用却不高，激光炮发射一次只需要几千美元。虽然价格不贵，但是激光武器目前没有普遍应用，这是为什么呢？原来目前的激光武器制造技术还不够完善，无法轻易生产出战略激光武器。而且激光炮的研发费用可是高得惊人呀，所以激光武器还没有大规模地投入军事使用。

2010年，美国用激光炮击落了无人驾驶的飞机，引起了全世界的震惊，美国积极研制激光武器，目前他们的研发计划中就包含了十几种激光武器。各国都很看好激光武器在未来战争中的使用，俄罗斯很早就开始了激光武器的研究。

激光武器的杀伤力虽然大，但并不是一点缺点也没有。激光武器

的使用有局限性，在使用时会受到天气的影响，如果出现大气波动大、云层厚等气象环境，就很可能干扰激光武器的正常使用；另外激光武器不能长时间的使用，连续发射几发激光炮后必须及时降温和补充能源；对于战略激光武器来说，缺点也是显而易见的，战略激光武器需要航天器的辅助，但是航天器本身的作战能力也是非常薄弱的。

小朋友们，经过半个世纪的激光武器研究，近些年激光武器的研发取得了巨大的发展，美国就曾在2010年使用激光武器击落了无人驾驶的飞机，其他国家也不甘落后，都在积极研制着激光武器。不过激光武器还没能大规模应用，想要研发成功人们还需要走一段很漫长的路。

反激光器不能抵御激光武器

反激光器是2012年初美国耶鲁大学研究团队发明的，它能够吸收大部分的激光光束。反激光器其实并不能抵御激光武器，它到底是怎样一种武器呢？原来，反激光器只能吸收特定波长的光，并把这强烈的光线转化成热能。激光武器的能量是很集中的，反激光器转化出来的热能也非常巨大，这种巨大的热能无法快速释放，很可能会烧伤周围的人。

中国的激光武器——神光

世界上激光武器的种类有很多，比如激光枪、激光炮。20世纪末期，世界上固定激光发射器的技术研究还不成熟，但是我国科学家选定了这个方向进行攻坚，终于，在1986年，我国激光研究科学家们终于制成了"神光"激光器。"神光"激光器的研制成功，使得我国成为第五个拥有这种技术的国家。

我们身边有哪些军事航天技术？

从前，有一个姑娘叫做嫦娥，她偷吃了西王母的不老药，然后身体越来越轻，最后她居然飞上了天空，一直飞到月亮上面，成了月亮上的仙女。嫦娥奔月的神话故事我们都听过，那么，小朋友们是否知道，这个神话故事其实表达了古人的飞天梦想呢？

航空航天技术的发展终于让人类实现了这个梦想，卫星上天了，人造飞船也登上了月球。航天技术帮助我们探索太空，开发利用那些未知的空间。那么，小朋友们知道军事科技中的军事航天技术是研究什么的吗？

军事航天技术是为军事服务的，在它的帮助下，我们将军用卫星、航天器材送进太空，用它们来完成侦察敌情、摧毁目标、截取情报等任务。

科学家们运用军事航天技术研制了军用航天器，那么，军用航天器是由哪几部分构成的呢？它是由运载系统、载人航天系统、军用卫星系统、空间武器系统构成的。航天器并不能自己飞上天空，它们是靠火箭推送飞上天空的。首先，我们将航天器与火箭捆绑在一起，火箭点火后，里面存放的燃料就开始燃烧了，火箭和航天器就一起飞上了天空。它越飞越高，火箭里的燃料用完后，火箭就会自动脱落，一般会准备好几节火箭才能把航天器送入太空的预订轨道。因为地球有引力，所以进入太空轨道的航天器就不需要燃料了，它可以自己在轨道上绕着地球转动着。

载人航天系统一般指宇宙飞船、太空空间站、航天飞机和空天飞机这些设备。宇航员可以乘坐宇宙飞船飞上太空，为了进行航空航天技术的研究，世界各国联合起来在宇宙中建立了太空空间站，科学家们在空间站里模拟地球上的生存状况，使得宇航员能够在里面正常生活。另外，科学家们还利用空间站进行各种研究呢，比如农业研究，即把一些蔬菜、水果放在太空空间站里培育，发现了这些蔬菜、水果在太空生长得比在地球上生长得大很多呢。

　　军用卫星系统包括很多功能不同的卫星，它们是侦察卫星、导航卫星、气象卫星等，效率很高的侦察卫星能够从太空中侦察地球上的情况。

　　其实在我们的生活中，也能发现航空航天技术的影子。大家都知道全球卫星定位系统——GPS系统吧，这个系统可以军用也可以民

用。安装这个系统之后，太空里的卫星就能够知道我们在哪里，在我们迷路，不知道自己在哪里的时候，全球卫星定位系统可就帮了大忙啦，有了它，无论你在地球的哪个角落，它都能够找到你，是不是很神奇呢？

航空航天技术在我们的生活中处处可见，比如偏远的地方发生了森林火灾，还没等我们察觉，卫星早就发现了，得到消息之后，我们就能够尽快派出人力、物力进行救援和抗灾。

40多年前，我们把第一颗人造卫星送上了太空，如今航空航天技术正在蓬勃发展。21世纪，军事航天技术依然是军事科技发展的重要阵地，我们将加强对军用卫星的使用，灵活的把它们的功能用到实战中。小朋友们，宇宙很大，等着你们去探索呢！

军队中真的有"千里眼"、"顺风耳"吗？

　　以前军队打仗是"狭路相逢勇者胜"，军队数量相当、战术相似，靠的就是勇气和智谋，中国古代就有一部讲战争计谋的书——《孙子兵法》，直到现在它仍然有很重要的借鉴意义。

　　但是信息化社会的介入，战争中谁先获得了最全面的信息，谁能了解敌人的动向，谁就更有可能胜利。那么军队中获取信息的"千里眼"、"顺风耳"是哪个兵种呢？他们就是数字化、信息化、智能化的通信兵。

在中国古代战争中，负责挥舞旗帜、吹响号角、点燃狼烟、快马接力传达信息的就是通信兵。随着通信技术的进步，现代军队中的通信兵开始运用无线电通信等技术快速传递信息，同时，他们还要检修通信线路，保证信息的正常传递。在信息传递的过程中，他们还要想办法防止敌人对电波的干扰，同时能够干扰敌人的电波，一句话说来，就是要保证自己信息成功传递，让敌人的信息传递失败。这说起来容易，做起来就很难了，没有高科技的支持，没有本领过硬的通信兵可是做不到的。

通信兵的责任就是将最新的情报传递到本部队的各个角落，传达上级命令，与其他将士密切联系，通过配合作战获得战争的胜利。所以说，通信兵在每场战争中都发挥着巨大的作用。一般通信兵都是高科技仪器配备的，早期时候通信兵主要运用无线电电台来传递信息，后来又加入了车载雷达，信息传递的速度更快了。

几乎所有国家的军队中都设有通信兵，不过各个国家的发展程度、发展历史有所不同，其通信兵兵种的设立时间、装备配备也有所不同。美国组建通信兵的时间比较早，1863年已经有独立的通信兵部队了。英国的通信兵部队比较特殊，不是独立编建的，而是1920年从其他部队中分离出来的，法国紧随其后在20世纪中叶建立了通信兵部队。中国的通信兵是在战争中组建起来的，在国内革命战争、抗日战争、抗美援朝等战役中，中国的通信兵从无到有，由弱变强，经历了一次次的成长，如今已经成为高科技配备的专业兵种，是众多兵种中闪闪发光的一支队伍，每次国庆阅兵时都能看到他们威武的身影。

小朋友们，通信兵军人的数量虽然不多，但是他们每个人都非常重要，每场战争都需要他们哦。

你知道什么兵种被称为"天兵天将"吗？

每年寒暑假在家里的时候，小朋友们最不能错过的事情就是看《西游记》了吧？美猴王一个"人"就可以把十万天兵天将打得落花流水。小朋友们，你们知道在军事科技中，什么兵种被成为"天兵天将"吗？是空降兵呀！

空降兵身上背着降落伞从飞机上跳下来参加作战，所以简单来讲，他们也可以被称作伞兵。当战争发生的时候，陆军前线部队同敌人的陆军部队进行着正面的交锋，但是如果想要深入敌人的战略腹地，要靠什么交通手段呢？这就需要空降兵们发挥作用啦，士兵们乘飞机飞到敌人的上空，然后背着降落伞从天而降，这样奇袭般的作战方法往往能够起到巨大的作用。

二十世纪初人类才发明了飞机，前苏联在1927年同巴土马叛乱分子交战的时候，首次使用了空降兵作战，且正式成立了空降部队。后来各国争相效仿，中国军队也在20世纪50年代成立了解放军伞兵部队。空降兵被称作"国家利器"，当突发事件发生的时候，空降兵可以迅速深入事件内部来解决问题，例如在第二次世界大战期间，是空降兵部队征服了最顽固的敌人，直接进入敌人守卫的堡垒里作战，最终取得了胜利。空降兵一登场，整个战争局势就得到了扭转，除了二战时期的辉煌表现，空降兵兵种还在海湾战争、科索沃战争、车臣战争等近些年的现代化战争中表现突出，无愧于"国家利器"的称号。

每一位空降兵都是勇敢的，因为他们的军事训练是非常残酷的：他们必须从几千米的高空中跳下，在陌生的土地上率先展开战斗，应对一切可能发生的事件。他们每天的训练不是去飞机上跳伞，或者说，一开

始并不是如此。他们上飞机前先要经受非常残酷的训练——基础体能训练，项目包括负重跑步5千米、俯卧撑、蛙跳、单杠、双杠……他们的生活就这样被不间断的高强度体能训练占据着。基础体能训练完成之后，就是正式的空降兵训练啦，这个训练每天都要持续八个小时以上，最开始他们要在模拟的飞机上练习站立，还要不停地锻炼腿上的劲道，使得他们着陆的时候能够抵抗冲击力。虽然，他们像平常人一样，在摇晃的飞机上也会站立不稳，但是，作为一名合格的空降兵，他们必须冷静、沉着地站立在摇晃的飞机上，必须学习弹跳、在高空中保持稳定的姿势等内容。

小朋友们，空降兵是勇敢和正义的化身，是"国家利器"，他们经历了非常艰苦的训练，从基础体能训练到专业的跳伞训练。每一个合格的伞兵都是万里挑一的特种兵，他们执行着艰巨的任务，率先深入敌人的土地上战斗，他们就是我们的天兵天将。

戴着贝雷帽的俄罗斯空降兵

俄罗斯的空降兵兵种成立较早，早在1930年前苏联（今天的俄罗斯）就成立了空降兵部队。他们的装扮非常的威武神气，戴着天蓝色的贝雷帽，穿着天蓝色海魂衫。俄罗斯目前有4万名这样的空降兵战士，他们个个威武雄壮，为战争谱写着胜利的诗篇。

空降兵们遇到的紧急情况

空降兵们从飞机上跳下去、打开降落伞、在地面着陆，在这三个部分中会出现8大类紧急情况，比如离开飞机的时候不果断、腿上的动作不协调、身体平衡掌握不好等等。虽然，每个空降兵在正式跳伞之前都会把这些紧急情况的应对措施熟记在脑袋里，但是任何事都不可能是万无一失的，处理紧急情况除了需要经验，更需要冷静和信心。

为什么使用降落伞能够安全落地？

春天的时候小朋友们喜欢在广场上放风筝，蝴蝶风筝、蜈蚣风筝都飞得很高很高，风把它们送向天空，我们仰望着它们，心里想着：天空上面是什么样呀？离蓝天白云那么近，好奇妙呀！小朋友们的梦想其实是可以实现的哦，如果我们乘着降落伞从高空跳下，就能感受到蓝天白云啦。

很多小朋友会觉得降落伞像一个白色的大蘑菇，它能够像蒲公英一样在空中轻飘飘地飞着，那么小朋友们知道为什么使用降落伞从几千米的高空跳下来却能够安全落地吗？带着这个疑问，我们一起去了解降落伞的制作结构、原理、作用吧。

降落伞是用非常柔软、透气的布做成的，用绳子系在每个角上，折叠好放在伞包里，需要用的时候可以快速打开。它的工作原理是利用了风的阻力，巨大的降落伞在空中张开，逆风向下掉落，风的阻力就会托着降落伞，起到减速的作用，不让它那么快掉下去，因此使用降落伞就可以安全地落在地上了。需要注意的是，要在一定高度打开降落伞才能安全地落在指定的地方，太早打开降落伞，容易被风吹到其他的地方，太晚打开降落伞，没有足够的时间缓冲，很可能会

空气阻力

面临危险，所以空降兵们在正式战斗之前都是经过跳伞训练的。

其实降落伞的用处有很多，比如当飞机发生安全故障，必须舍弃飞机的时候，人们就要用降落伞逃离即将从空中掉下来的飞机；降落伞还可以用来发放传单，小型的降落伞比普通的雨伞还要小，小降落伞下面系着传单，飞机带着这样的降落伞在指定的高空停留，然后飞机上的工作人员就把带着传单的小降落伞扔下来，这个方法很省时省力，在战争中和现代商业中都运用过；另外，降落伞还能用来回收无人驾驶的飞机、导弹和火箭呢！

小朋友，你们知道吗？降落伞也是中国发明的，古时候，在中国的杂技表演中，人们最先使用了比较简易的降落伞。后来这种降落伞就流传到了国外，现在国外的历史资料上都还有记载呢。后来人类发明了飞机、宇宙飞船，像降落伞这样的器材也被不断完善了。如今的降落伞应用很广泛，形状也很多样，有圆的、方的、长条形的，有在空中用的，还有在水里用的呢。

　　小朋友还可以自己动手做一个简易的降落伞。首先，小朋友们要了解降落伞是由哪几部分组成的，然后要开始动手设计降落伞，设计完成后就开始做伞面、找绳子，然后美化伞面，折叠完伞面之后把降落伞的各部分都连接起来就可以了。当然啦，小朋友们做的这种降落伞只能用来系着比较轻的物品从高空落下哦，比如系着你的作业本、铅笔、玩具手枪等等。

　　了解完降落伞的原理后，小朋友们是不是特别想动手做一个小小的降落伞呢？那么赶快行动起来吧。

高速飞行需要什么样的跳伞装置？

我们坐公交车的时候，车速有时候很快，有时候又比较慢，当你坐在车窗旁，车开得快的时候，风就呼呼地刮进来啦；当车开得很慢，你就会感到清风阵阵拂面。同样的道理也可以用在飞机上，飞机在天空中飞行的速度也是有快有慢的，那么，飞机在高速飞行的时候

要设置怎样的跳伞装置，才能让跳伞者方便、安全地跳伞呢？

当飞机飞行较慢的时候，如果乘客需要跳伞可以自己站立起来，哪怕没有经过特殊训练也能够背着降落伞安全地跳下飞机，可是万一飞机的飞行速度很快，一打开舱门就会有强劲的风吹进来，人们根本站立不稳，无法朝舱口移动，更别说跳下飞机了，这个时候就需要设置特殊的跳伞装置啦。

飞机飞行的速度多快才能称得上高速呢？一般来说，接近声音的速度或者超过声音的速度才能算得上是高速飞行，声音传播的速度是340米／秒，一个小时能够传播一千多千米呢，这个速度很快了吧。在接近音速飞行的飞机上需要设置座椅弹射装置进行跳伞，就是在座椅上安装了弹簧装置，需要跳伞的时候就按下按钮，坐在座椅上的人就被弹出了飞机，然后座椅就会和人分离，降落伞也会自动打开，这样人们就能安全地着陆啦。

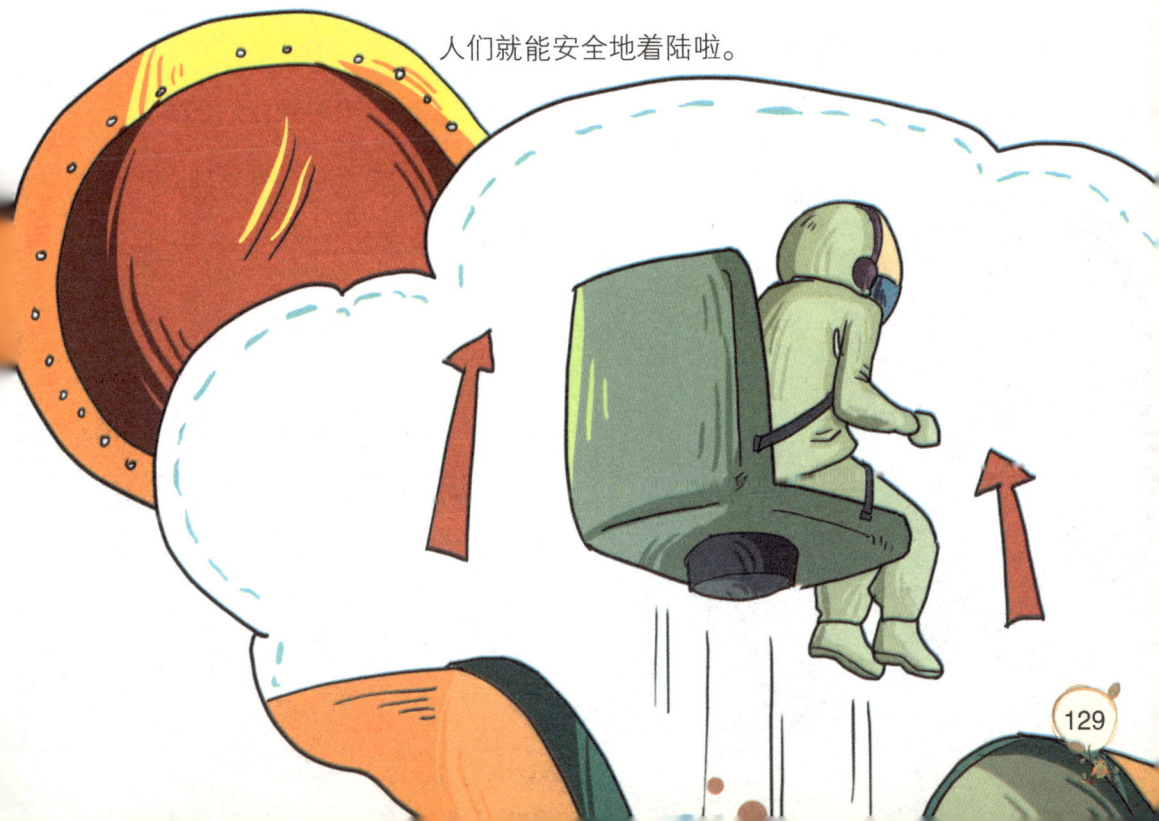

在飞行速度比音速还快的超音速飞机上，跳伞同样需要座椅弹射装置，不同的是，飞行员被弹出飞机后会受到强大气流压力的影响，他们的肺部由于空气的挤压很容易受伤。本来飞行员和飞机一样都是高速运动的，一旦飞行员跳出了飞机，他就突然静止了，就很容易被大气中的风、气流吹得晕头转向。那么，这些问题要如何解决呢？

超音速飞机上的飞行员跳伞时的特殊装置是活动座舱盖。别小看了这个盖子，座舱盖和座椅可以形成一个密封的空间，它的造型是流线型的，可以减小人体在气流中的阻力，抵挡风正面吹向人体，当人们下降到一定高度的时候，可以打开这个密封的空间，再打开降落伞，人们就能安全地着陆啦。

小朋友们，现在你们知道在高速飞行的飞机上要设置怎样的跳伞装置了吗？并不是所有跳伞员都能够在飞行平稳的飞机上跳伞哦，当飞机高速飞行的时候，我们会用座椅弹射跳伞装置来脱离飞机；如果飞机的速度超过了音速，达到了音速的几倍以上，这个时候我们还要带着活动座舱盖一起脱离飞机，这样才能安全着陆呀。

什么是高超音速飞机？

超音速飞机的飞行速度已经很快了，它们的速度可以达到音速的3倍左右。那么，什么是高超音速飞机呢，这种飞机的飞行速度可以达到音速的5倍，当然，这种飞机还在研制当中，需要解决很多技术难题，比如提高动力装置，只有有足够的马力，飞机的速度才能够更上一层楼，另外还要想办法降低飞机的噪音。

被称为"空中骄子"的超音速飞机

协和超音速飞机是英、法两国联合生产的超音速飞机，它是首架超音速载客飞机，1969年试飞成功后，大大缩短了旅行时间。从纽约到伦敦大约7000多千米的距离，协和超音速客机3个小时就能到达，这是多么惊人的速度呀！

为什么喷气式飞机烧煤油而不烧汽油？

喷气式飞机是以喷气发动机来推进的，螺旋桨带动的飞机（比如直升飞机），速度达到极限后就不能再提升了，因为螺旋桨转动的频率是非常有限的，与螺旋桨飞机相比，喷气式飞机可以通过提高推动力来加速。

1910年，罗马尼亚的亨利·康达试着研制喷气式飞机，

煤油

可是它失败了。德国飞机设计师于1939年发明了最早的喷气式飞机，第一架喷气式飞机的出现标志着喷气飞行时代终于到来了，人类航空史上迈入了新的阶段。喷气式飞机使用喷气发动机推动，它一发明成功，就打破了之前飞机创造的飞行速度。在第二次世界大战期间，德国和英国最先使用了喷气式飞机，直到1949年英国名为"彗星号"的民用客机也投入了使用。如今，全球大部分的战斗飞机（比如歼击机）和民航飞机大都用起了喷气式飞机。

或许小朋友们以为喷气式飞机跟汽车一样，它们的发动机是燃烧汽油的，其实不是这样的。喷气飞机的发动机靠煤油推动，为什么喷气式飞机烧煤油而不是汽油呢？

汽车使用的是活塞式发动机，这种发动机里的汽油是间断燃烧的，喷气式飞机的发动机就不是这样，它需要不间断地运动，燃料在发动机里要不停地燃烧，从点燃后就不能熄灭，这样才能满足喷气式飞机的飞行要求。

　　而且喷气式飞机发动机燃烧的燃料还需要很强的挥发性，如果燃烧汽油的话，发动机一发动油箱里的汽油就会马上沸腾起来，沸腾的汽油会堵塞油路，造成堵塞，这样是非常危险的。

　　另外，煤油的润滑性要远远高于汽油，使用煤油可以使喷气式飞机的各个部件都能够得到很好的润滑，这样在使用时飞机各部件的磨损就会降低，飞机的使用寿命就会延长。以上这些原因就解释了为什

汽油

么喷气式飞机要燃烧煤油而不是汽油啦。

　　喷气式飞机问世不久，就迅速提高了航行速度，使航行速度很快接近了声音传播速度，这在当时来说，已经是非常了不起的突破了。后来，科学家对喷气式飞机的外形进行了变革，使用了箭形翼状结构的机身，把空气阻力系数降到了最低点，突破了音速障碍，喷气式飞机的速度成功地超过了音速。

　　喷气式飞机的优点是它的飞行速度很快，但是它在低空低速度飞行的情况中时，发挥的作用还不如使用螺旋桨的飞机呢。喷气式飞机是针对高空高速作战的，它的速度对其自身的发动机依赖性太大，一旦发动机出现故障，笨重的机身使得飞机的滑翔能力降低，就很容易出现事故。

为什么直升机能直上直下，还能悬在空中？

　　小孩子们都喜欢看飞机呀、大炮呀、坦克呀什么的，电视机里经常会有这样的镜头：一架直升机悬停在空中或者直上直下运动。如果有一天，家里有男孩子的家长如果被问到为什么直升飞机能够直上直下，还能悬停在空中时，你们会不会很无语？仔细看一下这篇科普文章后，就会明白，这些道理其实很简单的。

　　小朋友们还记得小时候玩过的竹蜻蜓吗？在玩时，双手一搓，然后手一松，竹蜻蜓就会

飞上天空，旋转好一会儿后，才会落下来。竹蜻蜓是我国古代的一大发明，这种简单而神奇的玩具，曾令西方传教士惊叹不已，将其称为"中国螺旋"。20世纪30年代，德国人根据"中国螺旋"的形状和原理发明了直升机的螺旋桨。

竹蜻蜓由两部分组成：一是竹柄，二是"翅膀"。在长宽厚都适宜的竹片的中间打一个小圆孔，然后在小孔两边对称各削一个斜面，以起到竹蜻蜓随空气漩涡上升的作用。翅膀做好后，将竹柄插入其小孔中。玩时，用双手掌夹住竹柄，快速一搓，然后双手同时松开，竹蜻蜓就飞向了天空。

竹蜻蜓的叶片和水平旋转面之间有一个倾角。当旋翼旋转时，

旋转的叶片将空气向下推，形成一股强风，而空气也给竹蜻蜓一股向上的反作用升力，这股升力随着叶片的倾斜角而改变，倾角大升力就大，倾角小升力也小。当升力大于竹蜻蜓的重量时，竹蜻蜓便可向上飞起。竹蜻蜓的叶片和旋转面也保持一个倾角，所以当我们用手旋转竹蜻蜓时，它会得到空气的反作用推力而向上飞出。

直升飞机的工作原理同竹蜻蜓很相似。

直升机有两个特殊的本领：可以直上直下，还可以悬停在空中。这本领从哪里来？秘密在于它头顶上方有一组螺旋桨叶，人们称它为"旋翼"。悬停在空中的直升机受到两个力的作用：一个是向下的重力，一个是向上的升力。施力物是重力和升力，受力物是直升机。

通过称为"倾斜盘"的设置可以改变直升飞机旋翼的桨叶角，从而实现旋翼周期变距，以此改变旋翼旋转平面不同位置的升力来实现改变直升机的飞行姿态，再以升力方向变化改变飞行方向。同时，直升机升空后发动机是保持在一个相对稳定的转速下，控制直升机的上升和下降是通过调整旋翼的总距来得到不同的总升力的，因此直升机实现了垂直起飞及降落的功能。

每当直升机想要悬停的时候，强大功率的发动机会促使旋翼不停地旋转，给飞机一个向上的力，同时还可以产生一种反作用推力，从而把直升机举托在空中。而且，经过工程人员的特殊设计，这个力与飞机的重力刚好大小相等，方向相反；同时，旋翼旋转也不会给飞机向前、向后或左右两侧的作用力。这样飞机既不会在垂直的方向上上下移动，也不会向前后或左右飞行，而是稳稳地悬停在空中了。

呵呵，看了这篇介绍，现在是不是觉得直升机没有那么神秘了呢？

升力

重力

世界上第一架直升飞机

法国人科尔尼1907年研制出了直升飞机，三个月后就试飞成功了，这架飞机被称为"人类第一架直升机"。这架飞机的组成并不复杂，它的机身是钢管组成的，机身长6米多，重量也很轻，只有200多千克，它在飞机发展史上具有里程碑的意义。

中国早期的直升机

新旧中国交替的几十年，中国一直处于战争的动荡中，经济、军事发展水平也非常落后。就是在这种情况下，毕业于麻省理工学院的中国航天事业的先驱朱家仁一直从事着航空研究。"蜂鸟"系列直升飞机都是由他研制成功的。

海上也能起降飞机?

很多城市都有客机飞机场，军用飞机也有专门的军事飞机场，但是小朋友们知道水上飞机场吗？其实还有一种飞机不仅可以从水上起飞，还能降落到水上，那么，下面我们就介绍一下它们是怎么做到的呢？

水上飞机出现的时间很早，20世纪初，飞机被发明的同时，水上飞机就出现了，最早出现的水上飞机是浮筒式的，后来又有设计师发明了船身式水上飞机。目前的水上飞机保留并完善了这两种类型。

1909年，出生于船舶世家的法国人法布尔设计了浮筒式水上飞机的样机，这种早期的水上飞机带有三个浮筒和三个发动机，后来，法布尔又改进了这种水上飞机，试机两次后，这架世界上第一架水上飞机终于诞生，它第一次上天就飞行了6千米。小型水上飞机一般采用浮筒式结构，这种飞机是在机身下装备一到两个浮筒，利用浮力将机身与水面分离，同时，两边机翼也装备了浮筒，这样一来，飞机就能够在水上保持平衡啦。

　　1911年，美国飞机设计师柯蒂斯设计了船身式水上飞机，它也可

以被称为飞行艇，与浮筒水上飞机有些不同，它不靠浮筒产生浮力，而是靠巨大的机身来产生浮力，因此，它是20世纪50年代之前最大的大气载具。20世纪30年代，水上飞机开辟了飞越大西洋和太平洋的客机航线，洲际旅行被水上飞机垄断，水上飞机的发展速度也大幅提升，后来，德国公司研制了当时世界上最大的水上飞机。二战中，水上飞机也开始用于海上巡逻，战争结束后，水上飞机被改装成森林消防飞机，之后，水上飞机的发展速度才变得缓慢起来。

小朋友可能不知道，水上飞机还是很好的救援工具呢，如果在大海中间区域有船只遇难的话，水上飞机能够迅速抵达出事地点，救援落水人员，减少事故的损失。水上飞机多用于民用运输、森林消防等，它的优点是安全性能好，一般的海域、湖泊、江河上都能够使用，它的缺点是机身很大，飞行速度不快，起飞时对抗浪性要求很

高。俄罗斯总理普京还曾坐着水陆两栖的水上飞机去森林灭过火，一艘水上飞机就可以携带12吨水呢。

2010年，中国最新研制的水上飞机"天使鸟号"在南京的湖泊内试飞成功，目前该型号的飞机已经投入生产。这架水上飞机耗费了科学家10年的心血，它高3.5米，长12.6米，是个不折不扣的大家伙呢。这架飞机的学名是地效翼艇，它介于飞机和船之间，能够高效运载货物，这种地效翼艇目前只有俄罗斯和中国有，而且我国还收到了来自加拿大、澳大利、美国等国家的生产订单。

我们在海域附近就能看到这种水上飞机，它们一般停留在海面上，一旦接到任务就在水面滑行一段时间，激起一朵朵白色的浪花，然后飞上蓝天。小朋友，如果你们在海边看到这样的水上飞机，可一定要仔细看看它呀，仔细观察它的浮筒，就是靠着那几个浮筒，水上飞机才能够浮在水面上哦！

浮筒

中国的水上飞机

中国首架水上飞机是自己研制成功的，它的名字叫做"甲型一号"，虽然名字普通，但性能很好，质量更是可以与波音、通用飞机场制造的飞机相媲美。这架飞机能够携带4颗炮弹，它每次的飞行距离是300多千米。

水上飞机不能去的海域

水上飞机虽然方便快捷，但是它的起飞条件非常苛刻，要求海上的风速不能太大，海浪也不能太剧烈。只有在较为平静的海面上，水上飞机才能正常起飞。另外，水上飞机的活动范围是有限的，为了能够漂浮在水上，它不能携带太多的燃料，燃料的限制使得它不能去较远的海域。

隐形飞机也有克星？

曾经有一个梦想，能够穿上一件隐形衣，所有人都看不到自己，那样可以放心大胆地做自己想做的事啦！人类穿的隐形衣没有生产出来，飞机却率先穿上了隐形衣成为了会隐形的飞机。那么，这种隐形飞机的原理是什么呢？难道它真的穿上了隐形衣？

高空飞行的飞机实现隐形，这是科学家们研究仿生学的结果。所谓仿生学就是向自然界中的生物们学习，人们通过学习蝙蝠发射超

发现目标

隐形飞机

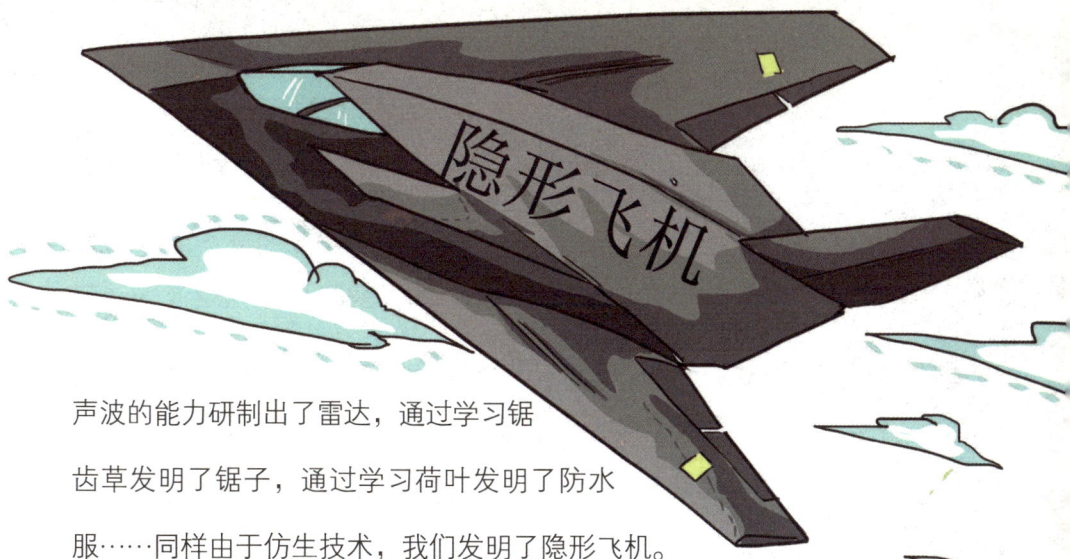

声波的能力研制出了雷达，通过学习锯
齿草发明了锯子，通过学习荷叶发明了防水
服……同样由于仿生技术，我们发明了隐形飞机。

其实，隐形飞机并不是给飞机穿了一件"隐身衣"让我们看不到
它，而是降低飞机被探测的可能，不让飞机被敌人的雷达发现，隐形
飞机是对探测工具"隐形"的，而不是对我们的眼睛。

隐形飞机最关键的原理就是要能够避开雷达的探测和追踪，将
自身发出的信号最小化，这个隐形的原理是怎么样的
呢？雷达发射无线电波，无线电波碰到物体后会反
射回来，这样我们就能发现高空中的飞机了，针对雷达的
这个原理，要想做到飞机的隐形，必须降低机身对无线电波的反射。
目前有两种方法可以降低飞机对雷达发出的无线电波的反

射，一是在飞机机身上涂抹吸收雷达无线电波的材料，这样一来，无线电波遇到飞机就被吸收掉了，只有极其微弱的电波反射回去，而如此微弱的电波根本不会引起敌人的注意；另外一种方法就是改变飞机的外形。飞机的样子是流线型的，它是根据气流流通的原理设计的，飞机上凸起的地方反射电波很强烈，所以改进机身也能够避免对雷达电波的反射。

那么，隐形飞机的克星是什么呢？隐形飞机的优点是不易被敌人的雷达探测出来，但是它的缺点也很明显，那就是它行动迟缓，载弹量不足，机身上吸收无线电波的材料也非常昂贵，这就意味着隐形飞机

被发现了！

也是有克星的，隐形飞机被击落在军事战争上已有先例。

　　隐形飞机的隐形原理很高超，反隐形的技术也很厉害。隐形飞机反射的无线电波虽然已经很微弱了，但是提高雷达的侦察性能还是能够识别隐形飞机的位置的。长波雷达就能够很好的对付隐形飞机，因为飞机机身本来就很长，敌人探测时如果使用长波雷达，两者就可能产生比较相近的振动，飞机对电波的反射就会比较强烈，这时，雷达就发现了隐形飞机的踪影。

　　小朋友们，飞机涂上吸收电波的材料或者改造外形就能够起到"隐形"的效果，避免雷达探测仪器对飞机的探测，顺利躲过敌人的监视。但是隐形飞机并不是所向无敌的，它也有它的克星，提高雷达的探测性能，使用强力雷达探测工具就能够很容易的发现隐形飞机，或者，使用长波雷达也能够让隐形飞机无所遁形呢。

你知道吗?

隐形飞机还有哪些克星

除了雷达之外，隐形飞机的克星还有地空导弹、高射炮、战斗机这些克星呢。放有炸弹的舱门对雷达电波的反射性很强，当隐形飞机投弹的那几分钟很容易就被地空导弹发现，从而对其进行突然袭击。用抗电子干扰和命中率高的高射炮来对付隐形飞机也是非常合适的，当高射炮连续发射炮弹的时候，隐形飞机就很难逃脱了。

单价24亿美元的隐形飞机

这种造价达到24亿美元的隐形飞机是世界上唯一一种既能够隐身又能够轰炸的隐身战略轰炸机，它在1980年研制出来，目前这种昂贵的飞机在全球还剩20架。

你知道美国空军 B-2 "幽灵" 隐身战略轰炸机吗？

小朋友们，有没有听说过会"隐身"的战斗机，有没有见过像"幽灵"一样的战斗机呢？

在以前的战争中，有一种战斗使用的飞机叫B-2轰炸机，它最初的名字叫做"先进技术轰炸机"，它的形状是机身和机翼连为一体，没有尾翼，整体外形十分光滑，并且B-2轰炸机的表面还有吸收雷达波线的特殊涂料。个性的外形和特殊的表层涂料使得B-2轰炸机能轻松避开敌人的雷达探测，不会被敌人发现，在发动机和尾喷管的设计上也

采取特殊方式，消除了发动机启动所产生的烟雾及气体形状，以此实现罕见的"隐身"效果。

1978年，科学家们开始研制B-2隐身轰炸机，最终设定它的机长为21.03米，机高5.18米，翼展52.43米。1984年，科学家将它的主要机翼进行了改造，这样一来，进一步加强了B-2的"隐身"功能。1993年12月17日，经过无数次设计更改，推出了第一架B—2A型飞机，它大大满足了美国军队军事上的需求。直至1997年，第一批B-2A轰炸机正式投入军事中使用，这一批6架轰炸机开始了它们的正式服役。不过这种轰炸机从制作到后期保养都非常的昂贵，直到现在，也只生产了21架。2008年在关岛空军基地内坠毁了1

"幽灵"隐身机

架，目前仅剩下20架，它们的价钱十分地昂贵，可称为世界之最。

为了更好地衰减敌人为探测B-2而发出的雷达线波，使自身的反射光自然消退而不被敌人的雷达发现，B-2A隐身轰炸机通过S状的进气口设计，和蜂巢状的发动机喷嘴，在降低了发动机运作时候产生的热量温度的同时，减少了被敌人发现的几率，进一步加强了轰炸机的"隐身"效果。

在B-2"幽灵"隐身战略轰炸机上有很多电子系统，抗干扰能力很强，比如目标瞄准系统，驾驶员可以将目标放大4倍，这样就可以更为简单地瞄准敌人；还有相应的电子管理系统，如通信管理系统可以将传感器取得的信息显示出来，让驾驶员可以很准确地判断外部情况。

B-2隐身轰炸机有3个型号，它们的战斗效能都非常高，因为自身拥有"隐身"的特点，在空中执行军事任务的时候不需要战斗机护航，也不需要专门的飞机防御敌人的空中雷达监测。据估计，两架B-2轰炸机的军事任务，可以与32架战斗机、16架护航飞机、15架加油飞机相比。所以说它在军事使用中有非常高的综合作战效能。

B-2隐身轰炸机的两个武器舱一共可以带16枚导弹、132枚炸弹、16架武器、36枚燃烧弹。

以上优势，使B-2隐身轰炸机像幽灵一样令敌人害怕，它的出现都会给敌人造成攻击性损伤。也因此有了"B-2'幽灵'隐身战略轰炸机"这一称呼。

幻影2000战斗机

你知道法国幻影2000战斗机吗？

法国幻影2000战斗机是法国航空公司于20世纪80年代研发出来的，1984年就编入了法国空军部队，二十多年过去了，它依然是国际上公认的最好的战斗机型号之一。

法国幻影2000战斗机是在幻影Ⅲ和幻影F1战斗机的基础上研发出来的，它的战斗力、性能要比幻影Ⅲ和幻影F1战斗机高出很多。幻影2000采用的是无尾三角翼的机身布局，减小了飞行时的阻

力，提升了战斗机的速度。同时装备了更先进的发动机，使战斗机的爬升率比幻影Ⅲ高出了两倍。

它与之前的幻影系列战斗机不同的是，幻影2000尽可能降低了机身重量，其机身是全金属半硬壳结构。幻影2000还装备了用于自我保护的电子设备，该设备由接收器和信号处理器两部分组成，设备安装在战斗机的机头上，可以探测导弹指令。

幻影2000作为最好的战斗机之一，机身上有九个地方可以安放炮弹，分别分布于机身和四个机翼下，幻影2000可以装备多种弹药，比如"米卡"导弹、激光制导导弹、非制导火箭导弹、反雷达导弹等。

幻影2000战斗机的性能固然很好，但是它并不是战斗机的终点，科学家们又研发了幻影2000-5、幻影2000-9等型号，这些都是幻影战斗机家族中的一份子，它们是在幻影2000的基础上进一步改进的机型。

幻影2000是世界上少数没有学习俄罗斯、美国战斗机制作技术的

机型，这种战斗机得到了国际上多数国家的认可。埃及、卡特尔、中国台湾等国家和地区都使用了这种机型。他们还对幻影2000战斗机进行了改进，使之更加符合当地士兵的使用习惯和作战状况。

印度曾在2002年同法国达成了幻影2000-5C购机计划，他们总共要购买126架幻影2000-5C战斗机，目前已经购买了36架。后来，印度空军与法国达索航空公司、斯奈克玛等公司进行了合作，改进了幻影2000系列战斗机，使得它实现了空中加油能力。同年，中国台湾地区的空军着手改进幻影2000的雷达，升级之后的雷达能够更加精确地分类它探测到的目标，并能够探测到超音速飞行的导弹。

法国幻影2000战斗机还在电影里出现过呢，电影《空中决战》就讲述了一个关于幻影2000的故事。飞行表演中，一架幻影2000战斗机

在海域中突然失踪，士兵们循迹追踪，却发现这架属于本国军队的幻影2000战斗机即将轰炸自己的部队，士兵们也不得不与这架战斗机展开拼杀……

　　小朋友们，法国的幻影2000战斗机1980年左右研制成功，它是世界上最好的战斗机之一，先进的装备让它在空战中一展雄姿，装备的炮弹让它威力猛增，幻影系列战斗机的不断发展正体现了科学精神——开拓、进取、创新。这个蓝天中的勇士，虽然出生于较为和平的年代，但是它的历史使命依然在继续。

幻影2000装备的"米卡"导弹

"米卡"导弹和幻影2000的研制时间一样,都是20世纪80年代。"米卡"导弹的弹翼是窄长边条形的,尾翼是梯形的,导弹发射后,自身的燃气舵可以使它的速度达到超音速。"米卡"导弹采用的是主动雷达制导装置,它的机动性强。

战斗机的另外一个名字

战斗机另外的一个名字叫做歼击机,歼击机的主要作用是在空中击毁敌机或者空袭敌军,最原始的歼击机是在飞机上安装机枪来实现的,后来,歼击机上装备了威力更大的导弹等武器。

为什么"阵风"多用途
战斗机如此著名?

当看到天空中一只庞大的"鸟儿"飞过,尾巴后面还拖着两条白色的浓烟时,小孩子们都会仰着脖子高兴地大喊:"快看快看,会冒烟的飞机!"每个小男孩应该都会希望拥有一架飞机吧?如果哪一天自己能收到产自法国的"阵风"战斗机这样一份礼物,那该多高兴呀!

如果战斗机世界中有选美大赛的话,风姿绰约的法国达索三角翼战斗机一定桂冠常戴。它领先西方战斗机世界中其它著名的品牌,比如欧洲"台风"、美国F-18E/F以及瑞典"鹰狮"等等。达索创始

人马塞尔·达索信奉的名言是：只有好看的飞机才是好飞机。达索旗下最新款的"阵风"多用途战斗机更是被称为"香奈儿战斗机"，其凭借奢华昂贵、时尚大气、美观实用的外形，深受许多国家的青睐与好评。

法国"阵风"战斗机，是一种具有双引擎、三角翼，且灵活性高、用途广泛的战斗机，由法国达索飞机公司设计开发和建造，预计将成为法国海空军下一代的作战主力。第二次世界大战后，马塞尔·达索发愤重建世界第一流的法国航空工业。此后几十年，达索的战斗机成为西方最优秀的战斗机之一，在英国战斗机工业衰落之后，依然一支独秀。"阵风"战斗机是达索旗下最新款战斗机，于1986年7月4日首飞，1992年12月开始生产。

最早生产的阵风战斗机型号为：阵风B型，法国空军的双座战斗机；阵风C型，法国空军的单座战斗机；阵风M型，法国海军的单座战斗机。在海湾战争和科索沃战争中，阵风B型战斗机威力无比，引起世人的瞩目。

"阵风"战斗机是第一种拥有内在的频谱综合电子战系统的飞机，这个电子防御系统装有一种特殊的软件和传感器，能够虚拟侦测，即时产生三维地形图和高分辨率地图来进行导航跟踪、远距离火控拦截多个空中目标。

根据"幻影"系列战斗机积累的经验，"阵风"采用更为先进的发动机，前机身采用隐形；圆角菱形截面的机头锥和腰子形的进气口完美地结合，这种巧妙的搭配，增加了机动性、降低了巡航阻力、缩短了起飞着陆滑跑距离；垂尾顶端的电子战舱具有先进电子战功能，据说达到了主动隐身的功能。"阵风"最重要的改进之处，则是在无尾三角翼的基础上，增加了一对全动鸭翼，使其可以在陆空任务之间

灵活转换。

另外，"阵风"战斗机在使用和维修上也有很大改进。"阵风"不再需要定期维修，只需要视情维修，节约了备件和维修成本，其维修工作量比"幻影2000"低了25%。基本上在90分钟内就可以完成地面加油工作，装弹重新出动，发动机更换也可在1小时内完成。

高昂的报价也是"阵风"战斗机引人注目的一个因素。即便如此，"阵风"依然稳坐"外销战斗机"桂冠宝座，诸如巴西、阿联酋、瑞士等国家都是"阵风"的老主顾。2012年2月1日，印度宣布将向达索采购126架"阵风"。

阵风B型
战斗机

高空中也有"窃听能手"？

"窃听"就是不让敌人发现，偷偷地听。高空中的"窃听能手"指的就是电子侦察卫星啦。小朋友们想知道"窃听能手"是如何窃听的吗？下面我们就来揭开它的神秘面纱吧。

电子设备在发射信号的时候，是通过电磁波来发送的，电子侦察卫星之所以能够"窃听"就是因为它能够发现这些电磁波并收听它们。普通的电子侦察卫星的侦察范围是2000米左右，探测更加详细的电子侦察卫星的侦察范围则更广，它的侦察不受天气的影响，不管是

大雾还是暴雨天气，它都能准确地接收信号。

电子侦察卫星是用来接收、发送信号的，其组成也跟它的功能相关，分别是接收信号的设备、天线，储存、发送信息的设备。当电子侦察卫星接收到陆地上电子设备发出的信号后，它就会将信号暂时储存起来，然后发送到信号接收机上，这样就算完成任务了。

小朋友们，你们知道世界上最早的电子侦察卫星是什么时候出现的吗？它是美国1962年5月发射的， 这些年来，俄罗斯、中国等其他国家也都发射了许多颗卫星，它们让我们的生活变得更加方便。

电子侦察卫星规定好了运动线路，它们围绕着地球转动，有的只有单独一个卫星来测量，其测量准确程度要高一些；有的则是好几个卫星一起测量，这样对于每个卫星的准确程度要求就没那么高了，因为把他们综合起来，测量的结果自然就变得比较准确。需要注意的是，运用这种协作关系的卫星时，一定要把他们运动的线路规划好，让其相互之间的距离都是固定的，才有可能保证测量准度。

每个卫星都有自己的运行线路，虽然太空中有很多的卫星，但是它们是绝对不会相撞的。因为各个国家都有他们各自的卫星轨道，每个卫星都按自己的道路运行。这就像在学校里维护各班、各年级的关系一样，每个班的同学都是友好的，一年级与二年级也是友好的，同学之间的关系才算是良好的。大家共同生活在同一个空间里，每天学习着不同的课程，相互不发生矛盾，这样才能向前发展，共同进步。

为什么卫星能观察到地面上的情况?

小朋友们,当你们在电视中看到科学家通过太空中的卫星了解地面情况时,有没有感到好奇呢?

人造地球卫星是指环绕地球飞行并在空间轨道中运行一圈以上的无人航天器,简称人造卫星。人造卫星非常神通广大,装上摄影器材,就可以对地面进行拍照、观察、跟踪;装上望眼镜等天文设备,就可以进行宇宙观测;装上通信传输设备,就可以用来侦探、追踪、

直播、传输目标信号；装上实验器材，就可以在太空中进行科学实验。

我国的人造卫星有：东方红一号、二号、四号，风云一号、二号、三号，中星22号，北斗导航试验卫星，实践一号，资源一号，嫦娥一号等等。

对于地球来说，卫星站得高，看得远，用它来观察地球是非常有效的。此外，由于卫星在地球大气层以外不受大气的各种干扰和影响，所以用它来进行天文观测也比地面天文观测站更加方便。

为了能观察到地面的情况，人造卫星上通常都安装有GPS（全球定位系统），超高性能的数据分析和处理设备，以及高分辨率的相机，通过RS遥感技术来对地面进行检测。一旦锁定目标，卫星监测系统就开始启动，相机也开始

自动拍摄。假设我国军方想知道某一次

军事演习中，美国飞鹰战机的动态，我国

军方就可以通过地面传输设备向我国的人造

卫星（比如东方红一号）发射信号，东方红一号即开

始通过遥感技术锁定目标，并对目标身上的电磁波进行扫描、分析、

处理，然后将结果传回我国军方电脑上。

什么是遥感技术呢？地球表层是能够发出电磁波的，我们在地面

上安装上电磁波信号接收设备后，当地球发出电磁波的时候，我们就

能够介绍这些信号，经过详细的分析，我们还能从地球发出的电磁波

信号里找到需要的资料。这项技术可以用在日常生活中的很多方面，

比如，我们可以从电磁波中知道哪里有水灾，哪里有病虫害，从而快

速行动，去解决这些难题。

无线电波的传送不需要媒介，在接近

真空的太空里，电波损耗比在空气中

要小。所以无论是对人造卫星的测控，还是卫星发射的信号，都能够通过卫星地面站、海上测量船的天线，与卫星保持联系。

例如，侦察卫星利用星载电子设备截获空间传播的电磁波，并转发到地面，通过分析和破译，获得敌方的情报。气象卫星利用所携带的各种气象遥感器，接收和测量来自地球、海洋和大气的可见光辐射、红外线辐射和微波辐射信息，再将它们转换成电信号传送给地面接收站。气象人员根据收集的信息，进行处理，最终得出全球大气温度、湿度、风等气象要素资料。

呵呵，听起来很神奇吧？有没有想过长大以后也当一名科学家呢？以后的太空还等着你们去开发、探索呢!